Fernando Azevedo
(Coord.)

Literatura Infantil e Imaginário

Braga
Centro de Investigação em Estudos da Criança
Instituto de Educação
Universidade do Minho

Título:	**Literatura Infantil e Imaginário**
Coordenação:	Fernando Azevedo
Edição:	Centro de Investigação em Estudos da Criança, Instituto de Educação, Universidade do Minho
	Braga (Portugal)
Coleção:	Estudos Literários, 1
ISBN:	978-972-8952-35-8
Depósito legal:	399051/15
Data:	2015

Índice

Prefácio
Rogério Puga
1

Introdução
Fernando Azevedo
3

I
O Phantástico n'*As aventuras de João Sem Medo*: reconfigurações e leituras
Pedro Albuquerque
Fernando Azevedo
7

II
Contos Tradicionais: Língua, Cultura e Imaginário
Ângela Balça
27

III
O lugar (do) imaginário em *Charlie e a Fábrica do Chocolate*, de Roald Dahl
Sara Reis da Silva
39

IV
Imaginário e Identidades Culturais na Literatura Infantil Brasileira
Maria Antónia Ramos Coutinho
49

V
De la realidad vegetal a la imaginación en la poesía infantil: *Versos vegetales* (2007) de Antonio Rubio
Moisés Selfa Sastre
65

VI
O livro de imagem no Brasil no contexto do Programa Nacional Biblioteca da Escola (PNBE)
Eliane Debus
Maria Laura Pozzobon Spengler
81

VII
Da Terra da Brincadeira e da metamorfose de Pinóquio em asno. As perspetivas de Carlo Collodi e de Paula Rego
Alberto Filipe Araújo
Joaquim Machado Araújo
99

VIII
Como Criar um Monstro: O Manual de Instruções do Dr. Victor Frankenstein
Armando Rui Guimarães
Alberto Filipe Araújo
117

IX
Frankenstein e a educação como fabricação
José Augusto Lopes Ribeiro

131

Da inutilidade e perigosidade da Imaginação em *Hard Times* de Charles Dickens
Armando Rui Guimarães

153

XI
Lima de Freitas: o simbólico na obra pública da Escola Primária de Vale Escuro, de 1955
Lígia Rocha

173

XII
Do mundo secreto na infância: Histórias contadas por crianças
Judite Zamith-Cruz

197

Prefácio

O Centro de Investigação em Estudos da Criança (CIEC) – Instituto de Educação, da Universidade do Minho publica mais uma estudo sobre literatura para crianças e jovens, área de estudos que desenvolve há anos. O volume *Literatura Infantil e Imaginário*, coordenado por Fernando Azevedo, reúne um importante e inovador conjunto de doze ensaios, da autoria de investigadores (inter)nacionais, sobre as temáticas e problemáticas que lhe dão título, nomeadamente o imaginário literário, a metamorfose como ritual de passagem, a educação enquanto fabricação, o poder da imaginação, o universo fantástico da literatura infantil lusófona, nomeadamente em histórias contadas por crianças, em contos tradicionais, poemas, *picture books* e várias narrativas para o público mais jovem. Este livro assume-se, assim, como um repositório representativo da investigação que se tem feito nesta mesma área de estudos sobre o tema do imaginário.

Na introdução, Fernando Azevedo pergunta oportunamente: "Qual o lugar do Imaginário na sociedade atual? O que nos pode o Imaginário transmitir ou ajudar a desvelar?", questões que vão sendo respondidas ao longo dos estudos que compõem o volume e que se ocupam de obras destinadas ao público infantil dos mais variados países, do Reino Unido ao Brasil, passando pela Itália e por Portugal. O presente volume é, portanto, mais um importante contributo interdisciplinar do Instituto da Educação (CIEC) para o estudo académico da literatura infantil não apenas portuguesa, mas também europeia e lusófona, permitindo-nos estabelecer contactos intertextuais e diálogos interculturais entre esses mundos possíveis (re)criados e apreciados nos quatro cantos do Globo.

Rogério Miguel Puga
FCSH-Universidade Nova de Lisboa

Lisboa, 15 de Outubro de 2015

Introdução

Qual o lugar do Imaginário na sociedade atual? O que nos pode o Imaginário transmitir ou ajudar a desvelar?

Os tempos atuais são marcados pela sofreguidão da velocidade e da imediatez, das comunicações instantâneas, da internet... Mas a instantaneidade nem sempre tem sido acompanhada da correspondente liberdade e da capacidade de olhar o Outro como ser essencial à própria definição do Eu. Os tempos atuais, que aparentemente poderiam prescindir do Imaginário, reclamam-no a todo o momento. É graças ao Imaginário que o mundo se mostra na pluralidade das suas facetas, permitindo ao sujeito – e, neste âmbito pensamos na criança que ainda não lê, mas que descobre, com o auxílio do mediador adulto, um mundo onde ela se pode sentir humana – , olhá-lo, reparar nele e descobrir nesse mundo veredas de significado ainda não descodificadas ou apenas percetíveis pela emoção e pela expressão.

Este volume reúne contribuições de especialistas nacionais e estrangeiros das áreas da Literatura Infantil, do Imaginário Educacional e da Psicologia.

No primeiro capítulo, intitulado *O Phantástico n'As aventuras de João Sem Medo: reconfigurações e leituras*, Pedro Albuquerque e Fernando Azevedo analisam a obra de José Gomes Ferreira, à luz da teoria da paródia e da intertextualidade, sublinhando a sua dimensão interrogadora enquanto grito de denúncia de comportamentos contrários aos valores da verdade, da justiça ou da democracia. O Imaginário, associado ao humor e ao lúdico, é aqui um meio de alertar o leitor, ensinando-o a pensar o mundo de um modo não ingénuo.

No segundo capítulo, *Contos Tradicionais: Língua, Cultura e Imaginário*, Ângela Balça reflete sobre o Imaginário, enquanto parte integrante de uma civilização e de uma cultura. Para o efeito, analisa o conto da literatura tradicional *Frei João sem Cuidados*, nas suas recolhas efetuadas em Portugal e no Brasil, bem como nas reescritas para crianças. A autora assinala a dimensão questionadora deste conto, mostrando que ele proporciona às crianças a esperança e o sentimento de que é possível ser bem-sucedido na vida, respondendo ao problema existencial que é a questão de encarar a vida com confiança, enfrentando e resolvendo as dificuldades.

No terceiro capítulo, *O lugar (do) imaginário em Charlie e a Fábrica do Chocolate, de Roald Dahl*, Sara Reis da Silva analisa a conhecida obra de Roald Dahl, enfatizando a importância dos mundos ficcionais efabulados enquanto espaços para a emergência da pluri-isotopia.

No quarto capítulo, *Imaginário e Identidades Culturais na Literatura Infantil Brasileira*, Maria Antónia Ramos Coutinho busca em textos da literatura infantil brasileira marcas da Alteridade. A literatura infantil, prática simbólica, cultural e social, além de refletir o contexto e as ideologias vigentes, comporta, via de regra, como enfatiza a autora, uma dimensão fortemente utópica, catalisando o desejo dos adultos por mudanças e transformação social. Por ser a criança o seu leitor preferencial, aspira à formação de consciências e atitudes positivas e desejáveis para a construção de uma cidadania democrática, projetando-se para o futuro. Neste capítulo, a autora articula as contribuições dos Estudos Culturais, da Literatura Infantil e da Educação para concluir acerca do relevo do acesso da criança às obras identitárias que celebram valores, códigos e práticas socioculturais das comunidades, com vista à formação da subjetividade, da autoimagem e do sentimento de pertença étnica da criança, em resposta ao racismo e à sua exclusão por grupos historicamente dominantes.

No quinto capítulo, *De la realidad vegetal a la imaginación en la poesía infantil: Versos vegetales (2007) de Antonio Rubio*, Moisés Selfa Sastre centra a sua atenção na análise de um conjunto de poemas de António Rubio que interpelam a atenção da criança leitora, estimulando a sua imaginação e exibindo a pluri-isotopia.

No sexto capítulo, *O livro de imagem no Brasil no contexto do Programa Nacional Biblioteca da Escola (PNBE)*, Eliane Debus e Maria Laura Pozzobon Spengler analisam um conjunto de álbuns gráficos publicados no Brasil, mostrando a pluralidade de significados e de sentidos que se alojam aí. As autoras deixam bem patente que os livros de imagem convocam o leitor para um olhar que exige complexas estratégias leitoras, supondo outros leitores, para além do leitor criança.

Alberto Filipe Araújo e Joaquim Machado Araújo desenvolvem, no sétimo capítulo, uma leitura mítico-simbólica, à luz dos Estudos do Imaginário, de uma parte da obra de Carlo Collodi, *As Aventuras de Pinóquio*. Esta leitura incorpora as perspetivas do autor da obra literária e de Paula Rego, a artista que retrata a vida de Pinóquio na Terra da Brincadeira na tela *Island of ligths from Pinocchio* (1996).

No oitavo capítulo, Armando Rui Guimarães e Alberto Filipe Araújo, a propósito da obra de Mary Shelley, *Frankstein*, abordam, com veemente sentido crítico, a receita para fazer do Outro um monstro.

No nono capítulo, *Frankenstein e a educação como fabricação*, José Augusto Lopes Ribeiro analisa a conhecida obra de Mary Shelley à luz do Imaginário Educacional, sublinhando que a mesma está carregada de sentidos e de questões acerca da condição humana: trata-se de problematizar o que significa ser humano e em que medida o homem se "faz" ou se "fabrica".

No capítulo décimo, *Da inutilidade e perigosidade da Imaginação em Hard Times de Charles Dickens*, Armando Rui Guimarães analisa a conhecida obra de Charles Dickens à luz do Imaginário Educacional. A imaginação, ao possibilitar, ao sujeito, pensar mundos possíveis diversos e/ou alternativos ao mundo empírico e histórico-factual em que vive e se movimenta, pode ser encarada como ociosa ou perigosa, já que questionadora da ordem estabelecida. Ora, é exatamente este ponto de vista que a obra de Charles Dickens explicita perante o leitor, interrogando-o sobre o seu lugar no mundo, como bem demonstra o autor do capítulo.

Lígia Rocha, no capítulo décimo primeiro, analisa, sob a perpetiva de uma estética educacional, a primeira obra pública de Lima de Freitas, datada de 1955, que se encontra na Escola Primária do Vale Escuro, em Lisboa. A obra em estudo é o motivo principal que permite aceder melhor à compreensão e interpretação da mensagem que o autor, de forma implícita ou explícita, deixa marcada no seu painel de azulejos.

No último capítulo, Judite Zamith-Cruz interpreta textos escritos, orais e desenhados de crianças com idades compreendidas entre os 3 e os 12 anos. Esses textos permitem evidenciar a presença do Imaginário e outras perspetivas da Alteridade.

No seu conjunto, todos os textos apresentam facetas plurais do Imaginário, numa forte conexão com a Literatura e, em particular, com a Literatura Infantil. O Imaginário evidencia-se como presente e fundamental ao próprio reconhecimento do homem como ser humano que dialoga e interage com o Outro.

CIEC, Instituto de Educação, Universidade do Minho, 2015
Fernando Azevedo

CAPÍTULO 1

O Phantástico n'*As aventuras de João Sem Medo*: reconfigurações e leituras [1]

Pedro Albuquerque
Centro de Investigação em Estudos da Criança
Fernando Azevedo
CIEC, Universidade do Minho

É proibida a leitura a quem não andar espantado de existir.

Introdução em jeito de subversão: do posfácio ao génesis narrativo

As *Aventuras de João Sem Medo* configuram uma história de apurada efabulação que, sob o nome literário de Avô do Cachimbo, foi sendo escrita para a gazeta juvenil intitulada *O Senhor Doutor*. Nas palavras do autor, a narrativa que *esfacela* o seu João Sem Medo em 26 folhetins foi motivada por um compromisso laboral que lhe requeria "um conto inédito em todos os números" (Ferreira, 2014:167[2]). Após a redação d'*A Aldeia dos Choramingas* e do *Aeroplano Mágico*, Gomes Ferreira decidiu "inventar um herói de sabor popular que desafiasse as forças enigmáticas da Floresta Branca (branca, cor convencional da infância), desmistificasse os gigantes, os Príncipes, as Princesas, as Fadas, etc." (*idem*).

Os vocábulos 'desafio' e 'desmistificação', se lidos no sentido da sua

---

[1] *Este trabalho foi financiado por Fundos Nacionais através da FCT (Fundação para a Ciência e a Tecnologia) no âmbito do projeto* UID/CED/00317/2013
Albuquerque, P. & Azevedo, F. (2015). O Phantástico n'*As aventuras de João Sem Medo*: reconfigurações e leituras. In F. Azevedo (Coord.), *Literatura Infantil e Imaginário* (pp. 7-25). Braga: Centro de Investigação em Estudos da Criança / Instituto de Educação. ISBN: 978-972-8952-35-8.
[2] A esta edição referem-se todas as posteriores citações do romance, para que passam a remeter as páginas indicadas entre parênteses no texto.

acepção prototípica, permitem interceptar uma determinada intencionalidade: a de contrariar (desafiar) e a de retirar a carga mística de um elemento (desmistificar) - contrapondo uma visão outra. Inevitavelmente, esta "desmistificação" terá que se abeirar da ideia de reescrita e dos processos de transformação de elementos oníricos. Neste sentido, ao admitir-se uma possível reconfiguração de uma pequena parte de um *corpus* amplamente difundido do folclore da literatura infantil e do imaginário universal, a intencionalidade revelada por Gomes Ferreira aproxima-se de conceitos como intertextualidade, palimpsesto ou hipertexto.

Todos estes termos são revisitados - sem aparato teórico - no posfácio em apreço. Neste segmento metatextual, Gomes Ferreira estende-se sobre o seu processo de criação e sobre as hesitações pessoais no que tange o "batismo" da personagem. A partilha permite que o leitor aceda à riqueza intertextual que o nome de "João Sem Medo" cria. Nas palavras do autor, são elencadas as ligações virtuais a *João Pequeno*, a *João Sem Terra*, a *Jean Sans Peur* e, por oposição dicotómica de características, também a *Pedro das Malas-Artes*[3]. De facto, o arquétipo do rapaz destemido pode ser encontrado em contos como *Märchen von einem, der auszog, das Fürchten zu lernen* - que integra a coletânea de narrativas tradicionais reunidas pelos irmãos Grimm: Kinder-und Hausmärchen (Grimm, 2004). Também em *Fábulas italianas*, Calvino recupera a tradição oral italiana e, com ela, o conto de *Joãozinho Sem Medo* - personagem que obtém fortuna por desafiar o medo (Calvino, 2006).

As possíveis e virtuosas propriedades intertextuais que as *Aventuras de João Sem Medo* estabelecem com o universo literário e cultural, não devem equivaler a uma perda da singularidade ou da originalidade da

---

[3] No posfácio pode ler-se: "Sim, João. Seria João. Mas não arteiro e tolo à Pedro das Malas-Artes" (Ferreira, 2014: 168). Por seu turno, a trama de Pedro das Malas-Artes é passível de ser intersectada, inclusive, em contos oriundos do património oral birmanês. Estes contos, de pendor moralista, foram coletados por Maung Hting Aung e compilados na obra *Burmese Folk Tales*. A narrativa enfocada traz a cena uma personagem que, devido à sua fraca memória e a confusões semânticas, é posta em perigo por várias vezes. O "fool boy", conforme é descrito, ao confundir um tigre com um monge (devido à parecença cromática) acabará por perder a vida (Aung, 1959).

narrativa. Aliás, este dinamismo textual manifesta-se em todo o texto literário. Nas palavras de Carlos Reis (2008), este tipo de texto possui uma capacidade virtual de se interligar com outros textos que com ele dialogam e nele se projetam. Walty assume, num sentido lato, o texto como um recorte oriundo de um processo ininterrupto de semiose cultural, ou seja, o texto possui a capacidade de se entretecer com manifestações culturais passadas, presentes e futuras. Kristeva, a criadora do conceito, recuperada por Ivete Walty (s.d.), sintetiza: "(...) todo texto se constrói como mosaico de citações, todo texto é absorção e transformação de um outro texto".

No caso das *Aventuras de João Sem Medo*, esta capacidade de absorção e de transformação estabelece um paradoxal exercício de aproximação e de distanciamento. Esta evidência é observável, desde logo, a partir do nome do ator principal. Note-se que, apesar de se assinalar uma curiosa proximidade onomástica entre o *João Sem Medo* de Gomes Ferreira e outros heróis, a narrativa portuguesa revela uma feição ideológico-temática peculiar e, também, uma identidade singular. As palavras de Gomes Ferreira podem ser lidas neste sentido:

> "mas que tinha a ver o filho de Filipe, «Le Hardi», que mandou assassinar o duque de Orleães (ciência de Petit Larousse), com o meu João Sem Medo, fala-barato de imprecações e graçolas populares, despertador dos tiranetes e dos poderosos e, sobretudo, cheio de alegria de existir, de respirar, de acreditar nos bons sentimentos e de inventar monstros para os destruir e vencer?" (Ferreira, 2014: 169).

A par das relações paradoxais de afastamento e de distanciamento entre o nome de 'João Sem Medo' e outras figuras literárias, também o *mise-en-scéne* começa por caminhar entre o estereótipo do conto tradicional e a sua subversão. Repare-se que, relativamente ao conto popular, Propp (1970) constata uma certa transversalidade na construção da situação inicial. Segundo o folclorista russo, "los cuentos empiezan habitualmente con la exposición de una situación inicial. Se enumeran los miembros de la familia, entre los que el futuro protagonista (por ejemplo un soldado) se presenta simplemente mediante la mención de su nombre o la descripción de su estado" (Propp, 1970: 37). Posteriormente, uma perturbação abalará o equilíbrio no qual as personagens vivem e forçará o percurso probatório do herói por uma nova paz.

No mesmo sentido, a trama das *Aventuras de João Sem Medo* apenas revela o nome do herói: "Era uma vez um rapaz chamado João que vivia em Chora-Que-Logo-Bebes, exígua aldeia aninhada perto do Muro" (Ferreira, 2014: 11). Contudo, se a moldura inicial do conto tradicional tende a ser relativamente estável e harmoniosa para o herói, a história de João Sem Medo é bastante célere a fornecer o retrato de uma população anestesiada e disfórica. Por contiguidade, o cenário partilha das características dos habitantes e apresenta-se sombrio, taciturno e com uma chuva sempiterna que funciona como prolongamento do choro dos choraquelogobebenses: "preferiam choramingar, os maricas!, agachados em casebres sombrios, enquanto lá por fora chovia com persistência implacável (como se as nuvens estivessem forradas de olhos)" (Ferreira, 2014: 11).

Mantendo sob o holofote a figura do herói, lembre-se que, de acordo com Coelho (1987), o elemento catalisador do conto tradicional é a demanda da realização pessoal pelo protagonista. Sob este prisma, uma vez que João Sem Medo também "salta o muro" para contrariar a sua insatisfação, não parece existir grande diferença entre uma narrativa oriunda do folclore tradicional e o romance de Gomes Ferreira. No entanto, existe uma nítida dissemelhança na forma como as adversidades se constroem e se apresentam à personagem principal. Nos relatos tradicionais, pode observar-se que o protagonista é afetado, sobretudo, por situações e decisões relacionadas com os adultos: a morte de um ou de ambos os pais; a ausência do pai para fazer negócios; o abandono dos filhos na floresta pelos progenitores (Propp, 1970). Exemplos destas tipificações podem ser encontrados, entre outros, n'*A Gata* Borralheira, n'*A Bela e o Monstro,* na história d'*O Polegarzinho* ou, ainda, de *Hansel e Gretel*. Contudo, se nos dois últimos contos as crianças são abandonadas e sentenciadas à floresta devido a insuficiências financeiras, o herói João Sem Medo subverte a lógica da construção narrativa anterior, em pelo menos três aspetos diferentes. Em primeiro lugar, é o jovem quem abandona a mãe: "um dia, farto de tanta chorinquice e de tanta miséria que gelava as casas e cobria os homens de verdete, disse à mãe (…): -Mãe: não aturo mais isto. Vou saltar o Muro (Ferreira, 2014: 12). Em segundo, as razões deste "abandono" não têm que ver com aspetos materiais, mas antes espirituais. Em terceiro, o herói parte para a floresta de forma voluntária e assume-se invulnerável a qualquer força ou impedimento adulto.

Encerrando este primeiro conjunto de observações, a leitura das primeiras páginas torna evidente que o "panfleto mágico em forma de romance" estabelecerá um intercâmbio entre o saber enciclopédico do leitor e o universo ficcional idiossincrático da obra. De facto, logo no primeiro parágrafo da narrativa, se apela aos quadros de referência e intertextuais do leitor através da fórmula genesíaca dos contos maravilhosos. Posteriormente, o *incipit* continuará a adensar as interconexões com o universo onírico e a recuperar elementos de contos fantásticos: 'floresta', 'gigantes', 'dragões', 'canibais' ou 'fadas'.

A recuperação de estruturas e de códigos literários aparentemente similares aos dos contos tradicionais recria no leitor a ilusão de leitura deste género literário. No entanto, este quadro de referências ao folclore ocidental é prontamente subvertido. Neste sentido, a obra aproxima-se, desde o seu *incipit*, ao *riso carnavalesco* teorizado por Bakhtine (1970). De facto, é legítimo constatar que Gomes Ferreira concretiza a subversão e a paródia arquitextual, "ou seja, a carnavalização de géneros, subgéneros, processos e temas literários ou o diálogo entre códigos literários" (Castro, 2004: 5).

O fenómeno não é estranho à literatura infantil de hoje. Aliás, são vários os exemplos de títulos que reconfiguram o sentido prototípico de personagens feéricas como fadas, bruxas, ogres ou lobos. Falamos, entre muitas outras, de obras como *A ilha do chifre de ouro* (Magalhães, 2004), *A vassoura mágica* (Soares, 2003), *Histórias com recadinho* (Dacosta, 1986), *A bruxa Mimi* (Thomas & Paul 2007), *A ovelhinha que veio para jantar* (Smallman, 2009) ou *A menina do Capuchinho Vermelho no século XXI* (Soares, 2007). Também no audiovisual, os filmes de animação *Shrek* invertem as características "tradicionalmente polarizadas" das personagens. Nesta saga, o Príncipe e a Fada são seres malévolos enquanto o Ogre e o seu companheiro possuem um espírito bastante mais nobre. Ferreira Boo (2011: 38-39), lendo no mesmo sentido, permite corroborar e sintetizar:

> "a estrutura do conto de transmisión oral empregouse na elaboración dos contos literarios, sobre todo os denominados "contos de fadas modernos" e "nova fantasía". Os seus elementos estruturais, temáticos e formais foron moi empregados polos escritores e escritoras de Literatura

Infantil e Xuvenil, ben de forma directa tomando como modelo o conto de transmisión oral, para recrealo, desmitificalo, modificalo ou para criar novos contos ao estilo dos tradicionais; ou ben de forma indirecta, a través da imitación dos clásicos para menos das literaturas europeas, claramente influídos polo conto oral. Nestas obras mestúranse realidade e ficción, mediante o emprego humorístico da fantasía e do xogo experimental coa linguaxe, sobre todo a partir dos anos setenta coa defensa educativa do folclore e coa recuperación da ficción fantástica, seguindo as propostas de Gianni Rodari quen na súa *Grammatica della fantasia* (1973) propón diferentes exercicios literarios, baseados na reescritura, para estimular a liberdade creativa do destinatario infantil, mediante a inclusión de elementos disonantes respecto á estrutura clásica de narración. Tamén reformula a fantasía, modificando os modelos literarios do folclore, e explota a súa potencialidade intertextual, caracterizada polo humor e a desmitificación dos referentes compartidos".

A respeito das *Aventuras de João Sem Medo*, este pertinente substrato teórico torna-se mais completo e adequado ao ter-se em consideração que o romance foi editado em 1963. Atender a este apontamento histórico – em articulação com a filiação estético-literária de Gomes Ferreira – , implica considerar relevantes determinadas intencionalidades do pensamento surrealista. Sobre a literatura surrealista, Simões (2008: 146) revela: "através do humor e do *non sense*, pequenos mitos, costumes e hábitos (mais antigos ou mais modernos) são criticados, ridicularizados, obrigando o leitor a questionar os seus sentidos e a redimensionar a sua importância. A subversão caucionada pelo humor ganha uma maior luminosidade pela presença do fantástico".

A imbricação entre o maravilhoso e o cunho ideológico é, também, um dos sentidos lidos por Carlos Reis. Diz-nos o teórico português o seguinte:

> "uma obra que se apresenta como «Panfleto mágico em forma de romance» avança, desde logo, três propostas de leitura diversas: a que atenta na carga ideológica e nos intuitos injuntivos próprios do discurso panfletário, a que aprende o texto como mensagem que escapa aos ditames da verosimilhança e a que o encara como elaboração sujeita a princípios técnico-literários particulares e a uma certa lógica narrativa" (Reis, 1980: 24).

A fusão entre Ideologia e Fantástico merece uma breve reflexão. Por um lado, tal como o académico português reconhece, a "hipertrofia da invenção elimina, à primeira vista, o exercício da verosimilhança" (Reis, 1980: 22). No mesmo diapasão, Eco (1975) sublinha que pôr em cena diversos elementos feéricos consubstancia um desafio constante à semiótica porque os mesmos não correspondem a nada que exista. A presença de seres não humanos e de suas estranhas ações podem aproximar o leitor da ficção fantástica. Nas palavras de Ceia (cf. 2007:36), na ficção destacada, a simulação de autenticidade do real não tem valor prático porque todos os cenários são aceites como irreais.

Por outro, como considera Carlos Reis (1980: 23), "todos estes elementos, bem como as bizarras situações e personagens com que se depara João Sem Medo ao longo da sua viagem, constituem, em primeira instância, fatores de formação dum universo fantástico que, nem por o ser, corta radicalmente os seus elos com o real"[4]. Aliás, logo após o *grito de Ipiranga* em favor da autodeterminação, João Sem Medo parte em direção ao muro. Este acontecimento permite estabelecer um paralelismo entre o muro fantástico da narrativa e o Muro de Berlim que separava os ocidentais dos comunistas (pessoas que, supostamente, comiam crianças). Se não leia-se: "Ah! não vás, não vás, meu filho! Pois não sabes que essa Floresta Maldita está povoada de Canibais Mágicos que se alimentam de sangue de homens?" (Ferreira, 2014: 12)[5]. Lendo-se neste sentido, é possível que a ação de João Sem Medo se interligue com o cunho ideológico do subtítulo[6] e que apele ao derrube de barreiras infundadas. Lido desta forma, o signo do ficcionismo, que permeia a encenação literária e que solicita ao leitor a suspensão da mais imediata referência do texto ao universo da experiência, não invalida que o tecido textual se revele

---

[4] Ceia revela-nos que i) a representação do real através de processos fantásticos não implica uma perda de sentido (Ceia, 2007); ii) a fusão entre o realismo e a magia é a fórmula ficcional que permite contornar a crise de representação, pois "o real também se representa pelo sonho, pela força magnética do universo, pelo privilégio de podermos corrigir phantasticamente o mundo" (Ceia, 2007: 39).

[5] No final do primeiro quartel do século XX, a Rússia atravessou um período de grandes fomes. Existem relatos de que algumas populações se alimentaram de cadáveres para evitar perecer.

[6] Falamos do seguinte subtítulo: "Panfleto mágico em forma de romance". Este subtítulo não surge em todas as edições.

capaz de suscitar nos seus leitores uma modificação substancial dos seus ambientes cognitivos e que fomente, também, o exercício crítico (cf. Azevedo, 2012: 30-32).

A articulação entre os textos de Gomes Ferreira, as narrativas do folclore tradicional europeu – no sentido da hipertextualidade descrita por Genette (1982)[7] - e o próprio universo de referência é condição indispensável para se entender o alcance da reconfiguração das representações típicas das personagens. Dito de outra forma, pela consciência do diálogo entre diferentes textos, o leitor perceberá a paródia. Este efeito será adensado se o leitor tiver presente a sociedade portuguesa de então e puder perceber o efeito crítico e transformativo que a obra pode potenciar[8].

Das inúmeras leituras possíveis que as *Aventuras de João Sem Medo* permitem, o presente exercício mantém o seu interesse na capacidade que a literatura possui na revitalização de quadros de referência comuns e intertextuais. Neste âmbito, revisita-se o início da diegese com o intuito de analisar o imaginário presente nas *Aventuras de João Sem Medo*. Assume-se esta escolha pois é, essencialmente, sobre estes primeiros capítulos que o autor reflete no posfácio. Paralelamente, intentar-se-á a leitura dos processos de reconfiguração de elementos feéricos que surgem ao longo dos três primeiros capítulos.

---

[7] Genette (2006) entende a hipertextualidade como um aspeto da textualidade. Para o autor, a hipertextualidade assume-se, em termos genéricos, da seguinte forma: i) "toda a relação que une um texto B (que chamarei hipertexto) a um texto anterior A (que, naturalmente, chamarei hipotexto) do qual ele brota, de uma forma que não é a do comentário" (Genette, 2006: 12); ii) uma relação de outra ordem, na qual "B não fale nada de A, no entanto não poderia existir daquela forma sem A, do qual ele resulta (...) sem necessariamente falar dele ou citá-lo" (Genette, 2006: 13). O conceito "de hipertexto genettiano está, contudo, preso da condição de texto palimpséstico, ou seja, de um texto que é sempre absorvido e apagado premeditadamente por outro, ao passo que o conceito electrónico de hipertexto pressupõe um diálogo intertextual, sem que nenhuma forma textual apague necessariamente qualquer outra que com ela se relacione" (Ceia, s.d.).

[8] Note-se que a autonomia do pensamento, a crítica, o livre arbítrio são, desde logo, coordenadas que orientam toda a ação do herói de Gomes Ferreira. Estas características entram em conflito com grande parte dos comportamentos das outras personagens.

Leituras "phantásticas" de *As aventuras de João Sem Medo*

As *Aventuras de João Sem Medo* trazem a cena um vasto rol de elementos feéricos. Por vezes, estes referentes são apenas evocados para adensar a atmosfera fantástica e não recebem grande atenção por parte da narrativa. Assim se sucede nas primeiras páginas da obra. Após uma célere referência a "sentinelas invisíveis" e a trepadeiras miraculosas – que o auxiliam na escalada – , João Sem Medo alcança o outro lado do muro. Outras vezes, figuras fantásticas do folclore tradicional e, também, do imaginário ocidental são recuperadas pela narrativa para, posteriormente, sofrerem um processo de transformação. É precisamente sobre a recuperação destes elementos e a sua ulterior reconfiguração que incidirá a presente análise.

O outro lado do muro depressa cria o seu contexto de interpretação. Este microcosmo literário revela, logo no início da narrativa, três particularidades. Em primeiro, desenha-se sob o signo do Fantástico: "ao princípio nada descobriu (...). Só passado um bom quarto de hora, quando os olhos se habituaram à meia treva, João Sem Medo deu conta deste espetáculo na verdade surpreendente: as *árvores espreguiçavam-se*" (Ferreira, 2014: 13). Em segundo, o ambiente onírico revela-se antropomorfizado: "pássaros em lugar de cantarem, abriam os bicos em bocejos melodiosos"; "cabecinhas de cores nos travesseiros das ervas"; "flores ressonavam altos perfumes intensos" (Ferreira, 2014: 13). Esta característica narrativa estabelece, ao longo da mesma, paralelismos entre o romance e a ação e comportamentos humanos. Em terceiro, a personagem revela consciência dos mecanismos do fantástico e dos seus clichés. Em relação ao cenário, João Sem Medo observa "com um sorriso de compreensão irónica que da clareira partiam dois caminhos, os dois caminhos clássicos de todas as histórias de encantos e prodígios (...) – Bem – pensou. – Cá estão os dois caminhos fatais: o do Bem e o do Mal" (Ferreira, 2014: 14). Em relação às figuras, João Sem Medo reclama a presença da Fada como elemento que permitira completar a *comédia*. Como o próprio admite em tom irónico: "lá sem fada é que eu não passo".

O primeiro *ser de papel* a surgir na narrativa – como que a pedido de

João Sem Medo[9] – é a fada. A figura é apresentada por meio de aproximações visuais consecutivas – ao jeito da composição *De tarde* de Cesário Verde ou de alguns retratos queirosianos. Aos olhos de João Sem Medo, numa perspetiva macro, a fada parecia-lhe ser "uma mulher jovem e bela, cabelo loiro até a cintura, três estrelas de prata na testa, varinha na mão direita, roca na mão esquerda, túnica bordada de rubis e esmeraldas, chapinsdellatina e tudo o mais que as fadas costumam usar" (Ferreira, 2014: 14). Num plano aproximado, a fada revela-se "um homem vestido de mulher, como se deduzia no desarrumo da cabeleira postiça à banda, no negror evidente da barba mal disfarçada por várias camadas de pó-de-arroz, além da maneira canhestra e hirta de andar e da falta daqueles mil e um ademanes femininos tão difíceis de imitar pelos homens" (Ferreira, 2014: 15).

O processo de *travestir*[10] a fada opera em várias esferas. Primeiramente, cambiam-se categorias dicotomicamente oponíveis e a mulher passa a ser homem (Silva, 2006). Posteriormente, invertem-se domínios e o fantástico torna-se mundano. Este processo é peculiar. Em diversas sociedades, Eliade (2002) observa que o individuo tem a capacidade de, por meio de rituais aparentemente simples, buscar a compreensão, a comunhão cósmica, a integração numa realidade supraindividual e suprabiológica. Esta capacidade de atribuição de valores simbólicos está impregnada no próprio conto maravilhoso. Estes textos manifestam, assim, o espírito inventivo do homem e uma força de ressonância antropológica[11]. No entanto, na diegese portuguesa, Gomes

---

[9] Trata-se de nova subversão. Na opinião de Costa, a fada é um ser sobrenatural, oriundo de um outro espaço, de um "mundo outro", possuidora de grande poder que utiliza como lhe apraz. A sua presença junto dos mortais surge quando ela assim o decide e os "privilegiados" são escolhidos segundo o seu critério (Costa, 1997: 26).

[10] O termo relaciona-se com o burlesco. Trata-se de um processo jocoso no qual se tornam ridículas determinadas características de um ser. Bakhtin "puts forward the theory that the element of carnival in literature is subversive; it disrupts authority and introduces alternatives. It is a kind of liberating influence and he sees it as part of the subversion of the sacred word in Renaissance culture. He cites Rabelais as an example of a writer who used carnival" (Cuddon, 2013: 104).

[11] Leia-se, a este respeito, a síntese de F. Azevedo (2013: 69): "tratam-se, com efeito, de relatos pouco extensos, com um reduzido elenco de personagens, escassamente

Ferreira anula o *pensamento mágico* do homem e a lógica do conto maravilhoso tradicional e, por fim, desmistifica a fada. Fá-lo, dando-lhe uma identidade mundana "Mostra cá o bilhete de identidade" (Ferreira, 2014: 15) e um ofício comum "quando telefonaram para a Repartição da 3.ª Mágica a requisitar uma funcionária, só me encontrava lá eu, que sou contínuo" (Ferreira, 2014: 15). Quando da saída de cena da personagem onírica, a narrativa já assume a fada como um "contínuo" sem qualidades mágicas cuja única função é de cariz utilitário e servil: o aconselhamento do caminho a seguir de acordo as "formalidades da praxe" (Ferreira, 2014: 16).

De seguida, à boleia de um automóvel que atingia os 3000 quilómetros por hora, João Sem Medo alcança a residência cúbica de uma figura humanoide "a quem tivessem decepado a cabeça, aberto dois olhos redondos no peito e talhado no estômago uma boca de lábios grossos e carnudos que tentaram sorrir para João Sem Medo" (Ferreira, 2014: 17). Este ente fantástico representa o horrendo e a desfiguração. A figura "monstruosa" – que se assemelha remotamente a um homem – , consubstancia uma imagem que permite ao leitor conhecer qual seria a anatomia humana sem uma cabeça. A par de outras figuras oníricas como o ogre ou a bruxa, este "descabeçado" adensa o pulsar negativo e, com a sua imagem, atemoriza o leitor que, intuitivamente, vai assumindo como "boa" a ideia de "manter a cabeça no lugar".

A personagem enfocada serve, assim, como antecâmara de um possível devir narrativo – caso João Sem Medo aceite ficar sem cabeça – e, também, como síntese ideológica do primeiro capítulo. Repare-se que esta situação recupera alguns tópicos presentes no discurso crítico da primeira

---

caraterizadas, um esquema temporal restrito e uma ação condensada (Reis e Lopes, 1998: 78-82). Além disso, estes contos foram, na origem, recolhidos junto de comunidades que os transmitiam oralmente de geração em geração e cujo público-alvo, em primeira instância, não eram as crianças, mas os adultos (Reinstein, 1983). Por estas razões – a sua natureza ontológica, mas também a sua ligação a uma arte da oralidade e da memória –, estes textos mostram-se fruto de saberes considerados fundacionais ou primordiais, saberes que, interconectando-se intimamente com os códigos ideológicos e culturais das comunidades, enfaticamente sublinham determinadas verdades axiológicas e/ou simbólicas, cuja origem, coletiva e indeterminada, se esgota na memória do tempo".

moldura: o servilismo que vexa as personagens a exercícios burocráticos; o desempenho de funções para as quais não possuem habilitação; a mecanização de atividades e uma performatividade irrefletida; a ausência de espíritos inventivos e audazes que entrem em ruptura com o bocejo da pátria. Ao tornar *phantásticas* as situações quotidianas, Gomes Ferreira confere-lhes visibilidade, plasticidade e permite a sua crítica. Neste sentido, a hipérbole do fantástico estabelece uma relação com a arte contemporânea na qual a "experiência é intensificada ao ponto de ruptura (...). A intensificação da percepção pode ir ao ponto de distorcer as coisas de modo que o indizível é dito, o invisível se torna visível e o insuportável explode" (Marcuse, 2007: 44).

A vontade férrea na manutenção da cabeça e na perseguição da verdade e da felicidade conduzem João Sem Medo a um percurso probatório semelhante, por exemplo, aos da mitologia grega[12]. À entrada do segundo capítulo, a personagem sofrerá uma "tortura fantástica" e terá os seus pés mordidos por pedras que, sem piedade, lambem os seus beiços com "regalo, pingantes de musgo e sangue fresco" (Ferreira, 2014: 20). Este episódio estabelece relação com o ritual iniciático do herói que, mantendo-se comprometido com a alteração do seu destino, se submete ao sacrifício: "Antes ficar sem pés do que sem cabeça. E com firmeza suportou aquele inferno" (Ferreira, 2014: 20). Durand (1992) revela que o neófito deve superar um conjunto de etapas que envolvem o sacrifício, a morte, o túmulo e a ressureição. Estas fases vão revelando os dramas da existência humana e, sincronicamente, vão testando o compromisso do

---

[12] A narrativa de Gomes Ferreira refere-se ao espaço diegético como 'inferno' (Ferreira, 2014: 20). Ao fazê-lo, permite, com maior propriedade, a intertextualidade com os mitos gregos. O "mundo subterrâneo, com todo o sortilégio que lhe confere o misterioso desconhecido, com a força ctónica que lhe é peculiar, apresenta-se aos antigos como um reino onde a verdade pode ser encontrada ou, pelo menos, ouvida, porque as almas dos que desapareceram da terra a podem contar mais livremente (...). Por isso, quando mortais, heróis (semi-mortais) ou imortais descem em «catábase» aos infernos, fazem-no quase sempre para averiguarem, o que de pouco claro se lhes afigura na vida terrana, ou para cumprirem qualquer missão de importância, em geral em favor de qualquer pessoa ou comunidade" (Fernandes, 1993: 347). Lembre-se que Ulisses e Orfeu descerão ao Inferno. Teseu terá que entrar no labirinto e sair dele vivo.

herói para com a sua fé.

Duas novas situações permitem o diálogo com a mitologia grega: a presença de nova figura "desumana" – uma árvore que o sufoca como um polvo – e a travessia da lagoa que amplia a distância entre margens a cada braçada do herói.

O primeiro elemento pode relacionar-se com o herói grego Teseu e o seu adversário Sínis. Diz-nos a mitologia que Sínis atava as suas vítimas a pinheiros. Com a força dos seus braços, Sínis ia curvando os troncos e, por contiguidade, as vítimas. No final, este portento arremessava as árvores, desmembrando os seus oponentes (Oliveira, 2014). A árvore presente no conto português amarra João Sem Medo e atira-o "ao ar, duas, três, quatro, dez, vinte vezes com destreza de mestre de jogos malabares" (Ferreira, 2014: 21). Uma saída *deus ex-machina* permite a João Sem Medo livrar-se deste martírio: "A tortura só terminou quando o treinador, escondido no vento, deliberou: - Por hoje, basta de treino. Deitem a bola fora e toca para o duche" (Ferreira, 2014: 22-23). A segunda situação relembra os trabalhos de Sísifo. Estes esforços podem ser lidos na narrativa de Menéres para crianças e jovens: "Ulisses despediu-se dele. Mais à frente encontrou Sísifo, que fora um rei desumano e estava agora condenado a empurrar um enorme rochedo por uma encosta acima. Quando já estava mesmo lá em cima... o rochedo desprendia-se misteriosamente e vinha parar cá abaixo... E Sísifo recomeçava a empurrar, a empurrar" (Menéres, 1989: 52-53). Evidentemente, este relato é semelhante à experiência de João Sem Medo. Quando o herói entra na água, "aconteceu este fenómeno incrível: à medida que o nadador se aproximava da outra margem, a água aumentava de volume e a *lagoa dilatava-se*. Por mais esforços que despendesse para fincar as mãos na orla do lago, só encontrava água, água unicamente. A *terra afastava-se*" (Ferreira, 2014: 23-24).

Ante o exposto, a narrativa faz conviver a mitologia grega, o folclore de contos tradicionais e um outro aspeto ainda não abordado. Falamos de um certo *portuguesismo* mesquinho que é possível de ser apreendido nos figurantes. Estas personagens periféricas são, geralmente, seres sem importância que se regozijam com o sofrimento alheio: "as plantas em redor aplaudiam – aproveitando o ruído alegre do vento nas folhas – e as bocas das pedras rompiam às gargalhadas" (Ferreira, 2014: 21). Até à presente moldura, em momento algum, estas personagens contribuem para ajudar o herói. Pelo contrário, forçam-lhe a ideia de que o estado atual e vigente é a melhor opção para o ator principal e desaconselham-lhe a mudança: "Queres laranjinhas? Ouve a minha sugestão: representa a comédia da dor. Finge que sofres muito, sê hipócrita. Mente. Pede a esmolinha de uma laranja por amor de Deus. Vá! Não sejas tolo. Chora" (Ferreira, 2014: 24). Sem nunca ceder, João Sem Medo resiste a todas as adversidades. Apesar do seu martírio, encontra beleza no Mundo que se desvenda ante ele e, em tom desafiador, dirige-se ao Mago:

> "- Parabéns, Mago. Parabéns e obrigado por este instante, o mais belo e bem vivido da minha vida. Obrigado. Mas agora ouve o que te peço: desiste de me perseguir. Convence-te de que, para mim, a Felicidade consiste em resistir com teimosia a todas as infelicidades. E vai maçar outro. Ouviste? Vai maçar outro" (Ferreira, 2014: 25).

A insurgência terá valido a João Sem Medo a súbita metamorfose em árvore[13]. No início do terceiro quadro, pode ler-se o monólogo interior da personagem: "O pior é não poder mexer-me – meditava João Sem Medo, fechado naquela solidão terrível de paralítico" (Ferreira, 2014: 27). Este "*sepulto de pé*"[14], pode relacionar-se, conforme se chamou a atenção anteriormente, com uma nova etapa do percurso iniciático: a morte e o túmulo. Esta quase-morte *ofélica*[15], ao privar a personagem da mobilidade e da hipótese da viagem física, tem implicações narrativas porque restringe o alcance do olhar de João Sem Medo ao universo mais próximo, às personagens que partilham o mesmo contexto geográfico e a si próprio.

Esta condição adensa a introspeção e fornece um curioso imagotipo literário[16]. Enquanto árvore, a personagem partilha uma poderosa

---

[13] No terceiro capítulo, esta interpretação é corroborada pelo discurso da personagem: "Sim. Sou de facto o João Sem Medo encantado pelo Mago-Mor" (Ferreira, 2014: 30).

[14] Repare-se como João Sem Medo se refere à sua condição: "Não sei bem o que pretendes de mim, mas prefiro tudo, tudo à imobilidade deste túmulo em que me sepultaram de pé" (Ferreira, 2014: 31).

[15] Personagem de Shakespeare que, em *Hamlet*, morre em comunhão com a natureza.

[16] Entende-se o conceito na perspetiva de Maria João Simões (2011: 39-40): "o imagotipo configura-se, então, como uma representação heterogénea e aglutinante, mas também

autoimagem: i) sente o incómodo e a vergonha da nudez "ainda havia outro facto que o incomodava de modo particular: o estar nu em pelo diante do Sol e da Chuva" (Ferreira, 2014: 27)); ii) o desamparo na doença "Ah!, que remédio senão sofrer com resignação já que na vizinhança, não existia nenhuma árvore doutora que lhe lavasse as feridas e pusesse pachos de cortiça em rama, ensopados em seiva quente (Ferreira, 2014: 28); iii) a impossibilidade de se aprumar "– Preciso de ir ao cabeleireiro cortar as folhas à escovinha – ramalhou, melancólico. – Com esta cabeleira à poeta estou mesmo uma vergonha" (Ferreira, 2014: 28); iv) o ciúme pela felicidade alheia "Senhor Vento: tenha a bondade de me cortar um ramo, dos maiores, que eu quero partir a cabeça destes patifes"[17] (Ferreira, 2014: 29); v) a disforia da solidão "Quando chegou o Outono, a pequena desapareceu e João Sem Medo sentiu-se tão desamparado que lhe caiu o cabelo (isto é: as folhas). Ficou careca e triste" (Ferreira, 2014: 30). Apenas a alegria e a vivacidade da "menina de cabelo cor de mel" logram colorir a vida de João Sem Medo, fazendo lembrar a sinergia de uma relação protecionista ou paternalista.

Note-se que no término desta situação, o progenitor da rapariga propõe a João Sem Medo que ele assuma o lugar da filha na Colina de Cristal em troca da restituição do seu corpo original. Este aspeto, para além de consubstanciar a "ressurreição do herói", permite que a personagem se revele bastante altruísta, nobre e adquira um propósito que

---

complexa, dialógica e relacional – aquela que se pressupõe na expressão "uns e outros" ("les uns et lesa utres"), por não existirem "uns" sem o olhar dos "outros" – apenas no olhar mútuo ela pode emergir. (...) A Imagologia pretende estudar as conotações e os matizes das imagens, das autoimagens e das hetero-imagens e as peculiaridades dos seus conflitos, embates, ambiguidades e desvios nelas plasmadas".

[17] Esta postura marca uma inversão no comportamento da personagem. João Sem Medo assume, assim, características que apenas eram evidenciadas por personagens menores e mesquinhas. Miguel Esteves Cardoso sintetiza, numa das suas crónicas no jornal *Público*, este sentimento "português": "A felicidade, em Portugal, é considerada uma espécie de loucura. Porquê? Porque os Portugueses, quando veem uma pessoa feliz, julgam que ela está a gozar com eles. Mais precisamente: com a miséria deles. Não lhes passa pela cabeça que se possa ser feliz sem ser à custa de alguém". Leia-se, no mesmo sentido, o comentário de João Sem Medo: "-Então não querem lá ver estes imbecis a gozarem à custa da minha dor, os miseráveis! " (Ferreira, 2014: 28).

é transversal a grande parte do folclore tradicional: a luta com um monstro e o resgate da donzela.

Tal como em exemplos anteriores, o maravilhoso não se desvincula do universo da experiência. Novamente, as características humanas da árvore – possibilitadas pela permanência da alma de João Sem Medo – interligam-se com as sensações e os comportamentos humanos. Se, nos exemplos transcritos, estamos perante um conjunto de sentimentos universais nas sociedades modernas; a espaços, o terceiro capítulo readquire a sua feição ideológica e crítica em relação à sociedade portuguesa. Neste sentido, note-se que a troca sugerida pode intersectar as propostas que, quando da Guerra Ultramarina, os mais desfavorecidos receberam para engrossar as fileiras militares no lugar dos mais abastados. De facto, o capítulo possui várias ligações aos *topoi* do belicismo e da morte: "Colina de Cristal" (Ferreira, 2014: 27); "quem uma vez lá vai, numa mais de lá sai" (Ferreira, 2014: 31); "a minha amiga Morte" (Ferreira, 2014: 36); "metralhadora-fantasma" (Ferreira, 2014: 36); a "foice de aço vivo" (Ferreira, 2014: 37) e, por fim, o "passaroco mecânico" (Ferreira, 2014: 34) cujo metal sempre sobrevive às guerras e permite consubstanciar-se memória - como no caso de Artur na *História do hidroavião* de Lobo Antunes ou de Muidinga e do seu machibombo em *Terra Sonâmbula* de Mia Couto.

O capítulo não encerrará sem fazer novas alusões à mitologia grega, quer de forma explícita "na superfície polida desenhou-se a figura bela e esbelta de um mancebo coroado de violetas, talvez um deus grego" (Ferreira, 2014: 36) quer de forma mais subtil, sugerindo ligações à figura da Medusa que tem as suas propriedades reproduzidas no Monstro Branco: "*Quem uma vez olhar para ele, deixa lá ficar a pele*" (Ferreira, 2014: 32).

Porém, neste segmento textual, a *carnavalização* é reservada, sobretudo, à figura da Morte. A narrativa mantém a iconografia da Idade Média que representa a Morte como um esqueleto que caminha entre os vivos munida de uma foice (Lexicon, 2009: 100). No entanto, Gomes Ferreira atualiza a imagem da Morte: " [o Monstro] é tão vaidoso que até põe pó-de-arroz na caveira" (Ferreira, 2014: 36). Também os instrumentos do seu *métier* são alvo de revisão: "O cavalo? Agora já não liga importância ao cavalo nem à foice. Prefere o seu avião negro e a metralhadora-fantasma" (*idem*). João Sem Medo, herói, sobrevive à Colina de Cristal e contribui para a derradeira subversão: a transformação da foice da Morte num instrumento de lavoura utilizado em prol do povo. Leia-se: "João Sem Medo baixou a foice e, para lhes poupar o trabalho, ceifou o trigo todo" (Ferreira, 2014: 37).

Considerações finais

A obra *Aventuras de João Sem Medo* coloca em cena, conforme se evidenciou, um *corpus* literário que o leitor identifica, sobretudo, como oriundo dos contos tradicionais. Se algumas figuras deste folclore e aspetos da mitologia grega são convocados, essencialmente, para adensar o efeito maravilhoso, a plurisotopia e, também, para revitalizar propriedades textuais como a intertextualidade; outros elementos feéricos sofrem processos de reconfiguração mediante mecanismos palimpsésticos e hipertextuais. A transformação das personagens traz – na narrativa de Gomes Ferreira – o *riso carnavalesco*, a paródia e a ironia. Estes aspetos potenciam tanto o humor como a denúncia de comportamentos contrários aos valores da verdade, da justiça, da democracia.

Referências
ANTUNES, A. L. (2005). *A história do hidroavião*. Lisboa: Dom Quixote.
AUNG, M. H. (1959). *Burmese folk-tales*. London: Oxford University Press.
AZEVEDO, F. (2012). *Metodologia da Língua Portuguesa*. Porto: Porto Editora.
BAKHTINE, M. (1970). *L'oeuvre de François Rabelais et la culture populaire au Moyen Age et sous la Renaissance*. Paris: Gallimard.
CALVINO, I. (2006). *Fábulas italianas*. São Paulo: Companhia de Bolso.
CASTRO, M. E. (2004). O riso carnavalesco no Surrealismo português: a irreverência parodística. In *Actas do Colóquio Internacional "O riso na cultura medieval"* (pp. 1-17). Lisboa: Universidade Aberta.
CEIA, C. (2007). *A construção do romance - ensaios de literatura comparada no campo dos estudos anglo-portugueses*. Coimbra: Almedina.
CEIA, C. (s.d.) Hipertexto. In C. Ceia (Coord.), *E-Dicionário de termos literários* (EDTL). [Em linha] [Consultado em 18.07.2015] Disponível

em http://www.edtl.com.pt/business-directory/6474/hipertexto/
COELHO, N. N. (1987). *O conto de fadas*. São Paulo: Editora Ática.
COSTA, M. C. (1997). *No Reino das Fadas*. Lisboa: Fim de Século Edições.
COUTO, M. (2013). *Terra Sonâmbula*. Lisboa: Caminho.
CUDDON, J. A. (2013). *Dictionary of literary terms & literary theory*. New York: Penguin Books.
DACOSTA, L. (1986). *História Com Recadinho*. Porto: Figueirinhas.
ECO, U. (1975). *La estructura ausente. Introducción a la semiótica*. Barcelona: Lumen.
ELIADE, M. (2002). *O sagrado e o profano – a essência das religiões*. Lisboa: Edição Livros do Brasil.
FERNANDES, R. M. (1993). Cátabase ou descida aos infernos. Alguns exemplos literários. *HVMANITAS*, vol. XLV, 347-360.
FERREIRA BOO, M. (2011). O uso lúdico dos contos de transmisión oral na literatura infantil e xuvenil galega do século XXI. *Malasartes* 21-22, 38-43.
GENETTE, G. (2006). *Palimpsestos. A literatura de segunda mão*. Extratos traduzidos do francês por M. Coutinho e L. Guimarães. Belo Horizonte: Faculdade de Letras.
GRIMM, J. & GRIMM, W. (2004). *Grimm's fairy tales*. Londres: CRW.
LEXICON, H. (2009). *Dicionário de símbolos*. São Paulo: Cultrix Editora.
MAGALHÃES, A. (2004). *A ilha do Chifre de Ouro*. Porto: Asa.
MARCUSE, H. (2004). *A dimensão estética*. Lisboa: Ed. 70.
MENÉRES, M. A. (1989). *Ulisses*. Porto: Ed. Asa.
OLIVEIRA, L. (2014). *Plutarco entre mundos: visões de Esparta, Atenas e Roma*. Coimbra: Annablume editora.
PROPP, V. (1970). *Morfologia del cuento*. Madrid: Editorial Fundamentos.
REIS, C. (1980). A ideologia do fantástico: *As Aventuras de João Sem Medo*, Revista *Colóquio / Letras*. Ensaio, 53, 22-29.
REIS, C. (2008). *O conhecimento da literatura - introdução aos estudos literários*. Coimbra: Almedina.
SILVA, A. S. (2006). *O Mundo dos Sentidos em Português – Polissemia, Semântica e Cognição*. Coimbra: Almedina.
SIMÕES, M. J. (2008). Luminescentes subversões: o fantástico na narrativa breve surrealista. *Forma breve*, 6(1), 133-148.

SIMÕES, M. J. (2011). Cruzamentos teóricos da imagologia literária: imagotipo e imaginário. In M. J. Simões (Coord.), *Imagotipos literários: processos de (des)configuraçãoo na imagologia literária* (pp. 9-53). Coimbra: Centro de Literatura Portuguesa.

SMALLMAN, S. (2009). *A ovelhinha que veio para o jantar*. Lisboa: Ed. Dinalivro.

SOARES, L. D. (2003). *A Vassoura Mágica*. Porto: Asa.

SOARES, L. D. (2007). *A menina do capuchinho vermelho do século XXI*. Porto: Civilização Editora.

THOMAS, V. (2012). *A bruxa Mimi*. Lisboa: Ed. Gradiva.

WALTY, I. (s.d.) Intertextualidade. In C. Ceia (Coord.), *E-Dicionário de Termos Literários (EDTL)*. [Em linha] [Consultado em 23.07.2015] Disponível em http://www.edtl.com.pt/business-directory/6066/intertextualidade/

CAPÍTULO 2

Contos Tradicionais: Língua, Cultura e Imaginário [18]

Ângela Balça
CIEC, Universidade de Évora

Introdução

Neste breve estudo procuramos refletir sobre o imaginário, enquanto parte integrante de uma determinada civilização e cultura. Várias são as manifestações humanas onde podemos encontrar o imaginário, mas neste texto privilegiamos a literatura tradicional, nomeadamente os contos tradicionais, recolhidos ao longo dos séculos XIX e XX, fixados em inúmeras coletâneas e, muitos deles, reescritos para as crianças. A nossa atenção recai em particular no conto tradicional *Frei João sem Cuidados* e nas suas recolhas efetuadas em Portugal e no Brasil.

Portugal e Brasil mantêm desde 1500, ano em que Pedro Álvares Cabral aporta a Terras de Vera Cruz, uma relação cultural intrínseca, profunda e maior que as demandas e vicissitudes económicas ou políticas que possam ter marcado os dois países ao longo dos séculos. Esta relação cultural, fruto da pertença a uma mesma civilização, começa pela partilha da mesma língua – o português – que no dizer de Eduardo Lourenço (2007: 45) "se *expandiu*, numa espécie de eco à histórica expansão em diversos continentes". Com a língua foi a cultura e o imaginário que lhe é inerente e, mais uma vez nas palavras de Eduardo Lourenço (2007: 46), "Idealmente é esta esfera verdadeiramente aquela onde por tão naturalmente nos comunicarmos nos faz existir em comum e, no melhor dos casos, até em comunidade".

O espaço da lusofonia, fruto da Expansão Portuguesa, encontra-se espalhado pelas mais diversas regiões do mundo, hoje com maior vigor

---

[18] Balça, A. (2015). Contos Tradicionais: Língua, Cultura e Imaginário. In F. Azevedo (Coord.), *Literatura Infantil e Imaginário* (pp. 27-38). Braga: Centro de Investigação em Estudos da Criança / Instituto de Educação. ISBN: 978-972-8952-35-8.

numas do que noutras. Padre António Vieira ou Fernando Pessoa deram voz nos seus escritos a este imaginário lusófono, um espaço onde se partilha a mesma língua, onde se fala a mesma língua, muito embora com vários sotaques e com influências de outras línguas autóctones.

Todavia, o linguista brasileiro Sílvio Elia fala-nos da "Lusitânia Perdida" – antigos territories portugueses na ásia, como Goa, Damão, Diu ou Macau e vários entrepostos na ásia e na África (Cristovão, 2003). Muito embora nesta "Lusitânia Perdida", a presença da língua portuguesa seja praticamente inexistente, fruto de diversas vicissitudes históricas e de política de língua, permanece a cultura e o imaginário subjacente a cinco séculos de convivência e de permanência efetiva nesses territórios, uma vez que, como afirma Cristóvão (2003) "a Lusofonia não é só a soma de territórios e populações ligados pela língua. É também um certo património de ideias, sentimentos, monumentos e documentação".

Este espaço civilizacional comum integra o imaginário de vários povos que comungam de uma dimensão simbólico-significativa profunda. Esta mesma matriz civilizacional partilha, ao longo da existência das comunidades, os mesmos arquétipos, as mesmas cosmogonias, as mesmas dimensões éticas e axiológicas. E este substrato profundo, todavia muitas vezes subliminar, permanece vivo em inúmeras manifestações, muitas das quais o povo comum sente como vindas de tempos imemoriais, pertencentes ao passado que continuamente se vivifica e se atualiza em diversos ritos; outras tomaram novas roupagens e só um olhar atento e informado as identifica como uma evolução das mesmas.

Este imaginário que sentimos como comum está bem patente na literatura tradicional. Antropólogos, etnólogos, folcloristas recolheram e fixaram inúmeras composições que se transmitiam (e transmitem ainda hoje) através da cultura oral. De acordo com George Steiner (2007: 15) a "Cultura oral é aquela que constantemente reactualiza as memórias" e é aquela que "Chegou até nós, alheia a toda e qualquer forma de alfabetização." Steiner (2007: 8).

Uma das demonstrações desta vitalidade da cultura oral são justamente os contos tradicionais, que estão presentes em diversos pontos do globo, distantes geograficamente, mas que apresentam uma similitude enorme. É Italo Calvino (2010a:8) que nos recorda que "por vias imperscrutáveis, o folclore continua o seu périplo de um continente a outro".

Na verdade, num estudo efetuado na região da Amazónia, sobre narrativas tradicionais, Sales (2014:21) afirma em relação à literatura tradicional brasileira:

> "A literatura tradicional brasileira se compõe de três etnias – branca, negra e indígena – para formar a memória que se estende desde as sociedades pré-colombianas até o uso do povo atual. Aborígenes, portugueses e africanos possuíam cada um seu folclore, mitos e lendas que se adaptaram umas às outras e se aclimataram neste solo, utilizando elementos locais."

É também através da literatura tradicional, e muito particularmente das reescritas destes textos para crianças, que os mais novos se acercam de parte do imaginário subjacente ao seu mundo. Esse imaginário permite-lhes sentirem-se pertença de um determinado universo, daquele e não de outro, partilhando ideias, valores, sentimentos, formas de ser, formas de estar, formas de ler o mundo.

Assim, é neste contexto que surgem as versões, em português europeu e em português do Brasil, do conto que vamos estudar, bem como as reescritas para crianças do mesmo.

Contos tradicionais: Portugal e Brasil em diálogo

Dado que o imaginário se revela também através da literatura tradicional, procuramos olhar para um conto tradicional, *Frei João sem Cuidados*, em duas versões, uma portuguesa e uma brasileira. A versão portuguesa foi recolhida, no século XIX, por Teófilo Braga, e fixada na sua obra *Contos Tradicionais do Povo Português* (1883); já a versão brasileira, recolhida por Luís da Câmara Cascudo, integra a coletânea *Contos Tradicionais do Brasil* (1946).

Teófilo Braga (1843-1924) foi um Presidente da República Portuguesa, nascido na ilha de São Miguel, no arquipélago dos Açores. Insigne político, convictamente republicano, Teófilo Braga foi também escritor e deixou-nos um enorme legado nas áreas da etnografia, da antropologia, do folclore e da literatura tradicional. Da sua vasta e eclética obra destacamos *História da Poesia Popular Portuguesa* (1867) ou *O Povo Português nos seus Costumes, Crenças e Tradições* (1885).

Luís da Câmara Cascudo (1898-1986) foi um antropólogo e historiador brasileiro, nascido em Natal, no Brasil. Apesar de ter sido professor e advogado, Luís da Câmara Cascudo dedicou toda a sua vida ao estudo do folclore e da cultura brasileira. Dentre as suas obras mais emblemáticas destacamos *Dicionário do Folclore Brasileiro* (1952) e *Contos Tradicionais do Brasil* (1946).

Para o presente estudo, para o caso da versão portuguesa de *Frei João sem Cuidados*, socorremo-nos da 5.ª edição, da obra *Contos Tradicionais do Povo Português,* publicada em 1999, na coleção *Portugal de Perto*, com a chancela das Publicações Dom Quixote (a 1.ª edição, nesta coleção, tinha sido publicada em 1987). Para a versão brasileira deste conto, utilizámos a 4.ª reimpressão (2010) da 2.ª edição (2006), da obra *Contos Tradicionais do Brasil para jovens*, publicada pela Global Editora; é no próprio texto introdutório, assinado pelos editores desta obra (2010: 11), que se afirma que os contos, presentes nesta coletânea para jovens, faziam parte da obra "*Contos tradicionais do Brasil* (…) de onde foram retirados os contos que integram este livro".

A versão de *Frei João sem Cuidados* de Teófilo Braga foi recolhida em Coimbra, referindo-se em "Nota" que, já no século XIII, em Itália, se encontra uma versão escrita deste conto. Luís da Câmara Cascudo classifica a narrativa *Frei João sem Cuidados* como um conto de adivinhação, que ele próprio define como sendo contos onde "A vitória do herói depende da solução de uma adivinhação, de um enigma." (Câmara Cascudo, 2010: 12). O conto *Frei João sem Cuidados* foi recolhido em Natal, no Rio Grande do Norte, Brasil, e foi contado por Francisco Cascudo.

Esta narrativa centra-se, na realidade, em três adivinhas, que têm de ser corretamente respondidas por um frade que vivia a sua vida sem grandes preocupações. Por ter esta postura perante a vida, este frade foi apelidado de "Frei João sem Cuidados". Ora o Rei, sabendo desta descontração de Frei João, resolveu desafiá-lo com três enigmas. Muito aflito, porque não conseguia resolver estes enigmas, Frei João aceitou a ajuda de um moleiro/pastor (consoante as versões) que foi substitui-lo perante o Rei. O moleiro/pastor, vestido com o hábito de Frei João, disfarçado de frade, acabou por responder corretamente às adivinhas colocadas pelo Rei.

Esta narrativa mostra-nos como a astúcia pode vencer o despotismo, como os mais fracos podem vencer os mais fortes. Na verdade, o Rei não teve dúvidas em incomodar um pacato súbdito, sem razão aparente, a não ser um capricho. Por outro lado, não é o Frei João que resolve os enigmas, mas sim o moleiro/pastor; de facto é a personagem aparentemente mais desfavorecida que acerta e resolve as adivinhas. Esta narrativa fala-nos ainda de solidariedade; perante do desespero do frade, o moleiro/pastor dispõe-se a ajudá-lo.

Muito embora a estrutura do conto seja idêntica na versão portuguesa e brasileira, existem ainda assim algumas diferenças ao nível de pormenor que nos propomos analisar.

Na versão de Teófilo Braga, Frei João é apresentado "como um homem que não se afligia com coisa nenhuma deste mundo"(Braga, 1999: 204); na versão de Luís da Câmara Cascudo, Frei João é caracterizado de forma mais detalhada - "muito caridoso e simples e que não se envolvia com os negócios dos outros nem se preocupava com assuntos alheios. Como dava muitas esmolas, era estimado por toda a gente (…)"(Câmara Cascudo, 2010: 107). Na verdade, a versão brasileira é mais favorável à personagem, apresentando Frei João com os atributos que normalmente pensamos que deverão estar presentes na personalidade de um religioso – a caridade, a simplicidade, a discrição. Já na versão portuguesa, o frade é caracterizado como sendo despreocupado, descuidado, não se encaixando no perfil de um homem da igreja.

É este descaso de Frei João que, aparentemente, irrita o Rei, na versão lusa, que o manda chamar à sua presença; parece-nos que a irritação real seria profunda, dado que o monarca ameaça de morte Frei João, caso ele não consiga resolver os enigmas que o Rei lhe colocou, num prazo de três dias: "Vou dar-te uma adivinha, e se dentro em três dias me não souberes responder, mando-te matar."(Braga, 1999: 204). Já na versão brasileira, um possível agastamento real não é tão evidente, embora também aqui o Rei mande chamar à sua presença Frei João, muito embora em momento algum o ameace de morte ou lhe dê algum prazo para apresentar as suas respostas aos enigmas que o monarca lhe coloca.

Apenas nesta versão se diz que foi um criado do Rei convocar o frade, numa alusão, parece-nos, ao poder real, aqui simbolizado pela sua criadagem; este poder é também evidenciado na versão portuguesa, mas de forma mais drástica e brutal – o Rei pode mandar matar um súbdito, neste caso Frei João.

Em ambas as versões, há duas adivinhas iguais: Quanto pesa a lua? Em que pensa o Rei? A terceira adivinha diverge: na versão portuguesa, o Rei pergunta – Quanto água tem o mar?; na versão brasileira – Onde é o meio do mundo?

Parece-nos que estes enigmas nos apontam, mais uma vez, para a afirmação do poder real, nomeadamente nestas sociedades tradicionais, onde o Rei é símbolo de governo absoluto. Este aspeto é visível nas duas versões, na adivinha "Em que pensa o Rei?". Na verdade, será difícil para qualquer ser humano saber realmente em que é que o outro pensa. Da resolução deste enigma, dependia, na versão portuguesa, a vida de Frei João. Nada mais despótico, parece-nos!

Todavia, este poder e afirmação real são ainda mais evidentes na versão brasileira. Quando o Rei pergunta "Onde é o meio do mundo?", o pastor apressa-se a retorquir "O meio do Mundo fica onde está meu rei senhor."; a lisonja do pastor para com o monarca continua e quando o Rei lhe pergunta "Por quê?", ele replica prontamente "O mundo sendo redondo, qualquer lugar é o meio!". Portanto, fica claro que há nestas narrativas um evidente louvor ao poder real, que, apesar de tudo, como veremos, será ridicularizado no final das mesmas.

Frei João fica muito perturbado com esta inquirição real e vai ser ajudado por outra personagem que na versão portuguesa é o "seu moleiro" e na versão brasileira é "um pastor que trabalhava para ele". Creio que podemos vislumbrar aqui a hierarquia das sociedades tradicionais: o Rei, o religioso e o camponês, personificado no moleiro/pastor. Estes últimos pertencem/trabalham para o frade, são seus subordinados, mas não é por isso que deixam de se mostrar solidários com Frei João, ajudando-o e resolvendo o seu problema.

É, então, neste sentido que afirmamos que o poder real é, no final destas narrativas, ridicularizado e, neste caso, pelos mais fracos. O Rei acaba por ser enganado e vencido pelo moleiro/pastor, que resolve todos os enigmas que tinham sido colocados pelo monarca a Frei João. A atitude final do monarca também difere nas duas versões. Na versão portuguesa, "o rei ficou pasmado com a esperteza do ladino"; parece-nos que a atuação do moleiro deixou o rei sem reação. Na versão brasileira, o monarca, que gostou do destemor do pastor, acabou por recompensá-lo e por deixar em paz Frei João. Aqui surge-nos um Rei capaz de reconhecer a inteligência, a astúcia e o valor do seu súbdito.

Como reflexão fica, parece-nos, a superioridade dos mais fracos (o moleiro/pastor; o povo) que apesar de estarem numa situação inferior na posição social, são eles que se evidenciam pelo seu discernimento e esperteza.

Contos tradicionais – releituras para crianças

Os contos tradicionais chegam, na sociedade atual, às crianças, sobretudo em reescritas que lhes são destinadas. No entender de Balça e Pires (2013), este é um movimento que tem ganho consistência ao longo dos últimos três séculos:

> "(…) muitos dos textos que têm circulado, sobretudo em suporte oral, ao longo dos séculos, foram-se constituindo como textos preferencialmente para crianças, desde o século XVII, primeiro de forma pouco assumida mas gradualmente, ao longo dos três últimos séculos, com esse objetivo claramente definido." (Balça e Pires, 2013: 13)

Neste texto, debruçamo-nos agora sobre duas reescritas para crianças deste conto. A primeira é um hipertexto assinado por Maria Teresa dos Santos Silva e ilustrado por José Miguel Ribeiro, *Frei João sem Cuidados*, publicado em 2005, pela Editora Ambar, na coleção Contos do Arco da Velha; a segunda, com o mesmo título, é da autoria de José Viale Moutinho, com ilustrações de Umbra, publicada pela Editora Campo das Letras, em 2005, e integrada na coleção Contos Tradicionais Portugueses.

De um modo geral, estes hipertextos seguem de perto o hipotexto de Teófilo Braga; as reescritas apresentam a mesma estrutura, o mesmo esquema narrativo, muito embora ofereçam outros pormenores complementares que se manifestam quer no texto quer nas ilustrações. Deste modo, vamo-nos debruçar sobre estes detalhes em particular.

Este pequeno e engenhoso conto será enriquecido, particularmente no seu hipertexto de Silva e Ribeiro (2005), pelas ilustrações. José Miguel Ribeiro, um premiado cineasta de animação, com obra também consistente na área da ilustração, dá vida, através das suas estimulantes aguarelas, a este conto e às suas personagens. Marcadas pelo traço vivo, rápido, ritmado do artista, estas ilustrações evidenciam as inconfundíveis e características formas geométricas de José Miguel Ribeiro.

O breve hipertexto escrito é assim elucidado e alargado por estas belíssimas ilustrações que remetem para um mundo ancestral, sentido em consonância com o próprio conto tradicional, onde o tempo é normalmente indeterminado, embora percecionado pelo leitor como um tempo passado.

Quer o espaço relacionado com o rei quer o espaço relacionado com o Frei João e o moleiro ampliam o hipertexto escrito. Este espaço é pressentido pelos leitores como pertencendo a um mundo rural, cenário presente normalmente nos contos tradicionais. Assim, o rei vive num castelo, protegido pelos seus guardas que marcam presença logo na página de rosto mas também, de modo mais subtil, nas lanças discretamente apontadas quer a Frei João quer ao moleiro quando estes se encontram perante o monarca. O ambiente da corte, marcado pelo boato, pelo rumor, pelo "diz que disse" – "Um rei ouviu falar de certo frade/que vivia sem ter quaisquer cuidados." - é soberbamente apresentado na ilustração que, colocando as personagens na penumbra, na sombra, nos remete de imediato para os bastidores do poder. O mundo de Frei João e do moleiro surge-nos ilustrado através da paisagem campestre, rústica onde marca presença um moinho.

As ilustrações dão-nos a conhecer ainda as personagens, incipientemente caracterizadas no hipotexto. O monarca surge com as suas vestes e atributos reais, manto vermelho, debruado a arminho, coroa na cabeça, sentado no seu trono; a postura e o olhar denotam o poder e a astúcia. Expressivas são também as ilustrações de Frei João e do moleiro corroborando o texto escrito nos seus diferentes estados de espírito.

Se os pormenores, na reescrita de Silva e Ribeiro (2005), se situam ao nível das ilustrações, na versão de Moutinho e Umbra (2005), os detalhes marcam presença ao nível do texto escrito.

Nesta última reescrita mencionada, o texto começa com duas perguntas de retórica, lançadas logo ao pequeno leitor: "Já ouviram falar de Frei João Sem Cuidados? Ah, não?". Com estas perguntas de retórica pretende-se estabelecer, parece-nos, de forma rápida e fácil, a comunicação com o pequeno leitor, estimulando a sua curiosidade em relação ao texto, permitindo-lhe fazer inferências e cativando-o para a audição/leitura do mesmo.

As personagens, na reescrita de Moutinho e Umbra (2005), para além de Frei João, apresentam nomes próprios: Rei Salústio e Xico Moleiro. De novo, estamos perante uma estratégia de proximidade entre o texto e as crianças leitoras. Os nomes próprios destas personagens aproximam e possibilitam uma maior projeção e identificação entre as crianças e as personagens.

O poder real evidencia-se igualmente nesta versão, pois o Rei manda "três guardas ao mosteiro" chamar Frei João; o frade tem apenas cerca de um dia para responder acertadamente aos enigmas colocados pelo monarca; caso não responda, Frei João será açoitado "pelos guardas mais brutos que houver neste palácio!". Este desvio do hipotexto de Teófilo Braga pode dever-se a uma tentativa de suavizar a sentença real: em vez da morte certa, na versão em apreço, caso não acerte as adivinhas, Frei João é apenas açoitado, um castigo, ainda que violento, menos brutal e mais aceitável para as crianças leitoras.

Interessante também é a relação existente, nesta versão, entre Frei João e Xico Moleiro. Nesta reescrita, o moleiro é compadre de Frei João, ou seja, é um seu amigo chegado, íntimo. Muito embora, em todas as versões consideradas, o moleiro demonstre a sua amizade por Frei João, ele não é colocado no mesmo patamar em termos de relação; nesta versão de Moutinho e Umbra (2005), a relação existente entre os dois homens é reforçada, aos olhos do leitor, por esta designação "compadre".

Tal como na versão de Teófilo Braga, também aqui o Rei coloca as mesmas três adivinhas a Frei João; as respostas de Xico Moleiro são também similares e denunciam a inteligência, a lábia e a ousadia do mesmo, em particular, a réplica à questão "quanta água tem o mar?", em que o moleiro desafia claramente o Rei a testar a veracidade da sua resposta "Sei. Mas, se Vossa Majestade não acredita, é só mandar tapar os rios todos que dão para o mar e pôr alguém a medir. Depois veremos se tenho ou não tenho razão...".

Por fim, detemo-nos na reação do Rei, após Xico Moleiro ter cumprido a tarefa, que tinha sido ordenada a Frei João. Nesta reescrita, que a aproxima da versão deste conto de Câmara Cascudo, o monarca encarou com agrado a forma como foi enganado, recompensando Frei João e Xico Moleiro com "uma saca de dinheiro".

As ilustrações de Umbra colocam em evidência as personagens Rei e Frei João, elucidando e, por vezes, alargando os dados sobre elas presentes no texto escrito. O Rei Salústio é apresentado com cabelo, bigode e barba branca, coroa e manto real de arminho, revelando-nos um velho rei, ao contrário da versão de Silva e Ribeiro (2005), cujas ilustrações nos mostram um Rei bem mais jovem. Frei João surge em praticamente todas as ilustrações com um ar preocupado, nada remetendo para a sua característica de "sem cuidados", dando-se apenas relevo às aflições em que o Rei colocou o frade. De um modo geral, estas ilustrações, em tons pastel, recriam o ambiente rural, distintivo das sociedades tradicionais.

Considerações finais

Neste texto procurámos refletir sobre manifestações do imaginário, enquanto parte integrante de uma civilização e de uma cultura, nos contos tradicionais. Para este efeito socorremo-nos de várias versões do mesmo conto, *Frei João sem Cuidados*, recolhidas quer em Portugal quer no Brasil bem como de reescritas desta narrativa para crianças.

A presença deste conto, em pontos tão díspares e tão longínquos do globo, apresentando o conto a mesma estrutura, leva-nos a pensar na disseminação da língua portuguesa pelo mundo e, com ela, da cultura e do imaginário que lhe está subjacente, representados ainda hoje pela nossa diáspora. Por outro lado, esta viagem dos contos de um continente a outro é explicada por Italo Calvino (2010b), que afirma que o folclorista pode demonstrar "que o mesmo esquema narrativo se encontra mais ou menos idêntico num país afastadíssimo e numa situação histórico-social absolutamente diferente." (Calvino, 2010b: 97), sendo que "o conto maravilhoso e mágico (…) não admite ser situado no tempo e no espaço."(Calvino, 2010b: 97).

Cultura e imaginário manifestam-se e são veiculados para as crianças, neste caso em particular, através das reescritas deste conto para os mais novos. Para além desta imersão das crianças no universo que se constitui como o seu mundo de pertença, estas narrativas tradicionais possibilitam a sua identificação com uma matriz civilizacional, uma cultura, um povo, uma nação.

Frei João sem Cuidados é um conto de adivinhação, em que os mais fracos vencem os mais fortes, em que a petulância do Rei é vencida pela sagacidade e pela coragem do moleiro/pastor. Para as crianças é de grande importância este tipo de contos, uma vez que, de uma forma lúdica, lhes mostra como os mais fracos, com os quais ela se identifica, podem vencer e inverter a sua situação perante os mais fortes. Segundo Bettelheim (1987), os contos de fadas, onde os fracos triunfam, proporcionam à criança a esperança e o sentimento de que é possível ser bem-sucedido na vida, respondendo ao problema existencial que é a questão de encarar a vida com confiança, enfrentando e resolvendo as dificuldades.

Este é também o poder e a capacidade de atração destas narrativas para os mais novos que, apesar de serem intemporais, permanecem vivas entre os seus povos.

Referências

BALÇA, A. & PIRES, M. N. (2013). *Literatura infantil e juvenil. Formação de leitores*. Carnaxide: Santillana.

BETTELHEIM, B. (1987). *Psicanálise dos contos de fadas*. Livraria Bertrand.

BRAGA, T. (1999). Frei João sem Cuidados. In T. Braga. *Contos Tradicionais do Povo Português* (pp. 204). Lisboa: Publicações Dom Quixote.

CALVINO, I. (2010a) Os contos populares africanos. In I. Calvino. *Sobre os contos de fadas* (pp. 7-13). Lisboa: Teorema.

CALVINO, I. (2010b) A tradição popular nos contos de fadas. In I. Calvino. *Sobre os contos de fadas* (pp. 97-112). Lisboa: Teorema.

CÂMARA CASCUDO, L. (2010). *Contos Tradicionais do Brasil para Jovens*. 2.ª ed. 4.ª reimpressão. São Paulo: Global Editora.

CÂMARA CASCUDO, L. (2010). Frei João sem Cuidados. In L. Câmara Cascudo. *Contos Tradicionais do Brasil para Jovens* (pp. 107). 2.ª ed. 4.ª reimpressão. São Paulo: Global Editora.

CRISTÓVÃO, F. (2003). Os três círculos da lusofonia. [Em linha] [Consultado em 25.06.2015] Disponível em https://ciberduvidas.iscte-iul.pt/artigos/categorias/lusofonias/os-tres-circulos-da-lusofonia/102

LOURENÇO, E. (2007). Da língua como pátria. In C. Reis (Org.) *Conferência Internacional sobre o Ensino do Português. Actas* (pp. 45-50). Lisboa: Ministério da Educação.

MOUTINHO, J. V. & UMBRA (2005). *Frei João sem Cuidados*. Porto: Campo das Letras.

SALES, M. L. L. (2014) *A presença das narrativas tradicionais no imaginário dos jovens em idade escolar*. Manuscrito não publicado, Universidade de Évora, Évora.

SILVA, M. T. S. S. & RIBEIRO, J. M. (2005). *Frei João sem Cuidados*. Porto: Ambar.

STEINER, G. (2007). *O silêncio dos livros seguido de Esse vício ainda impune*. Lisboa: Gradiva.

CAPÍTULO 3

O lugar (do) imaginário em
Charlie e a Fábrica do Chocolate, de Roald Dahl[19]

Sara Reis da Silva
CIEC, Universidade do Minho

> «*O universo imaginário é um lugar de riqueza e diversidade espantosas: são mundos criados para satisfazer um desejo urgente de perfeição.*» (Manguel e Guadalupi, 2013: XXXV)

Espaço de "liberdade livre", *a literatura* supera, para nosso contentamento, a «racionalidade calculadora» ou as «descrições económico-funcionais» (Lopes, 2011: 28), balizas do mundo empírico ou histórico-factual que a muitos, por si só, realizam em pleno e se tornam absolutamente suficientes para a sua sobrevivência. Na literatura, porque aí se plasmam a maleabilidade e a fluidez intrínsecas à imaginação – retomando aqui a formulação de Vergílio Ferreira (Ferreira, 1994: 114), por exemplo – , (pres)supõe-se o

> "perpétuo recomeço de um movimento de ruptura com a fixação de significações (...). Pelo que o imaginário literário (...) se apresenta (...) como encontro com a força de fazer imagens que faz parte d[ess]a condição do homem (...) de estar infinitamente para além do homem, de não se reduzir a processos identitários» (Lopes, 2011: 32), de se posicionar, enfim, contra todo o «reconhecimento-fixação" (*idem, ibidem*: 33).

---

[19] *Este trabalho foi financiado por Fundos Nacionais através da FCT (Fundação para a Ciência e a Tecnologia) no âmbito do projeto* UID/CED/00317/2013
Silva, S. R. (2015). O lugar (do) imaginário em *Charlie e a Fábrica do Chocolate*, de Roald Dahl. In F. Azevedo (Coord.), *Literatura Infantil e Imaginário* (pp. 39-47). Braga: Centro de Investigação em Estudos da Criança / Instituto de Educação. ISBN: 978-972-8952-35-8.

Ainda que não tenhamos a pretensão de, neste breve ensaio, nos dedicarmos a um exercício de conceptualização em torno do *imaginário literário*, não poderemos, naturalmente, deixar de registar que, na esteira de Michel Maffesoli, retomado por Paulo Pereira, assumimos o imaginário como concretização de um conjunto de «produções mentais ou materializadas – narrativas, obras de arte, instituições – operadas pela intervenção reificante da pulsão imaginativa» (Pereira, 2011: 172). Assim, «o imaginário é uma força social de ordem espiritual, uma construção mental, que mantém ambígua, perceptível, mas não quantificável» (Maffesoli, 2001: 75).

E, por isso, na ficção, como nos relembra Román Gubern,

"(…) aqueles signos gráficos [personagens], transformados em atributos, são o resultado da construção mental prévia de um autor, que o leitor torna também sua no decurso da leitura, pois o sistema simbólico do texto resulta num logomorfismo que dá vida imaginária à personagem, ao fazer com que o leitor projecte um feixe de motivações psicológicas coerentes no seu *constructo* literário" (Gubern, 2005: 11).

Deste *constructo* participa também e obviamente a própria categoria espacial ou o lugar. Efectivamente, a **confabulação de lugares imaginários** tem singularizado algumas das mais célebres narrativas de preferencial recepção infanto-juvenil, contribuindo, inclusive e em certos casos, para a sua classificação como clássicos. Obras como *As Viagens de Gulliver* (1726), de Jonathan Swift (1667-1745), *Alice no País das Maravilhas* (1865), de Lewis Carroll (1832-1898), *O Feiticeiro de Oz* (1899), de L. Frank Baum (1856-1919), *Peter Pan* (1911), de J. M. Barrie (1860-1937), ou, já na literatura contemporânea e no domínio do álbum narrativo, *Onde Vivem os Monstros* (1963), de Maurice Sendak (1928-2012), apenas para citar alguns exemplos, atestando a perspectiva enunciada, contribuiram para a fixação na memória colectiva de cenários imaginários, minuciosamente desenhados a partir do recurso a mecanismos técnico-estilísticos como a hipérbole ou o paradoxo, por exemplo, materializados em estratégias como o *nonsense* ou o absurdo ou em jogos (muitas vezes, de subversão ou de (co)mutações) de dimensões (miniaturização, por exemplo) ou de perspectivas.

Também *Charlie e a Fábrica de Chocolate* (1964[20]) proporciona um "passeio ficcional" por um dos mais particulares lugares imaginários da literatura especialmente vocacionada para os leitores mais jovens. Segunda[21] obra publicada pelo prolífico[22] escritor britânico Roald Dahl (1916-1990), *Charlie e a Fábrica de Chocolate* veio a lume em 1964 e, conquanto, no caso desta obra, como com várias outras do conhecimento comum, a divulgação, à escala global, talvez tenha decorrido, em larga medida, da célebre versão[23] fílmica[24] dirigida por Tim Burton e datada de 2005[25], o facto é que o texto de Dahl, ilustrado por Quentin Blake (Londres, 1932), lido – na infância, mas não apenas – proporciona momentos de fruição estética e certamente por isso se tornou-se num peculiar – diríamos, até, excêntrico – *best-seller* (uma das obras mais vendidas no mundo inteiro).

Enfatizamos a qualificação de *peculiar/excêntrico*, na medida em que, mesmo sendo alvo de um reconhecido sucesso, tal não invalida que as *críticas desfavoráveis*[26] pontuem a sua recepção. Com efeito, apontam-se aí, por exemplo, traços como o humor negro e o grotesco – tendências que,

---

[20] A obra foi editada em 1964, nos E.U.A. Surgiu em Inglaterra apenas em 1967.
[21] A primeira narrativa editada foi a fantasia cómica intitulada *James and the Giant Peach* (1961).
[22] Publicou mais de 20 livros para crianças, além de alguns para adultos.
[23] Para uma análise das adaptações fílmicas de *Charlie e a Fábrica de Chocolate*, vide Davis, 2009.
[24] É a segunda adaptação para o cinema, protagonizada por Johnny Depp, com o papel de Willy Wonka, e Freddie Highmore como Charlie Bucket.
[25] Esta versão fílmica foi antecedida de uma outra, datada de 1971, intitulada *Willy Wonka & The Chocolate Factory* (1971), película dirigida por Mel Stuart, com adaptação para o cinema feita pelo próprio escritor. Nesta primeira versão, o papel de Sr. Wonka foi assumido por Gene Wilder.
[26] Cf. West, por exemplo, lembra que, num artigo publicado no *Horn Book Magazine* da autoria de Eleanor Cameron, ela considerava que *Charlie and the Chocolate Factory* um dos livros mais «tasteless» alguma vez escritos para crianças. (West, 1988: 71). Já Vinãs Valle, retomando as principais críticas de que tem sido alvo, regista «As it is, Dahl's success and popularity has run parallel with negative criticism and diverse accusations of "tastelessness", "racism", "mysogynism", "sexism", "fascism", "ageism", "violence", "vulgarity", "sadism", "occult overtones", and "promotion of criminal behavior", among others» (Vinãs Valle, 2009: 143)

na verdade, singularizam a escrita de Dahl (O' Sullivan, 2005: 29; Nikolejava, 2005: 50; Tumer, 2009: 6) e a desviam dos modelos (de cómico, por exemplo) mais comuns na literatura para a infância –, a ficcionalização de temáticas como a pobreza extrema ou a fome, a própria «depiction of Charlie's geriatric grandparents» (Carpenter e Prichard, 2005: 108) e, mesmo, segundo algumas perspectivas, um «supposed racism in the portrayal of the Oompa-Loompas» (*idem, ibidem*). De facto, «Dahl's stories seem objectionable to many adult readers, who find them a mixture of the glutinous and the cruel, but they have an enormous and enthusiastic following among children themselves» (*idem, ibidem*: 139).

Controvérsias à parte, o facto é que *Charlie e a Fábrica de Chocolate* ocupa um *relevante lugar na História da literatura para a infância* e esse lugar, justo/merecido lugar, aliás, é, sem dúvida, justificável, sob o nosso ponto de vista, por uma série de **razões** que cumpre aqui sucintamente aflorar.

Primeiramente, assinale-se a co-actuação de **personagens** predominantemente infantis de diferentes "tipos"[27], designadamente Charlie Pipa, Augusto Lamacento («um menino comilão»), Mike Tevê («um menino que só vê televisão e mais nada»), Verruga Salgado («uma menina muito mimada pelos pais») e Violeta Bemparecida («uma menina que masca pastilha elástica o dia inteiro»). Charlie Pipa, «O Herói», «admirador de chocolate» (Dahl, 2011: 17), é um rapaz limpo/puro, altruísta e por ele facilmente se nutre simpatia. Situado, pois, no universo dos "bons" e dos injustamente desfavorecidos, Charlie é recompensado e, no final, Willy Wonka oferece-lhe a sua fantástica fábrica de chocolate.

Às referidas personagens infantis juntam-se, pois, além dos respectivos progenitores, e no caso de Charlie, também os avós paternos («avozinho Zé e avozinha Josefina») e maternos («avozinho Jorge e avozinha Jorgina»), o carismático Willy Wonka, dono da fábrica, e os seus companheiros de trabalho, os Umpa Lumpas, seres minúsculos (pigmeus?) que «desejavam mais do que tudo [eram] grãos de cacau» (Dahl, 2011: 101). Willy Wonka, «o maior inventor e chocolateiro de todos os tempos»

---

[27] Lerer considera que «Los niños que tienen acceso a la fábrica de chocolate son (excepto Charlie) criaturas salidas de algún libro medieval de los pecados: la gula, la envidia, la soberbia o la ira.» (Lerer, 2009: 464).

(*idem, ibidem*: 18) e amante da beleza – «Eu exijo que as minhas salas sejam bonitas! Não consigo tolerar a fealdade das fábricas!» (*idem, ibidem*: 93) –, destaca-se pela sua excentricidade, pela sua atitude enérgica, pela sua imparável imaginação, pelo seu humor, pela sua alegria e, ainda, pela sua proximidade à infância[28]. Sendo ele o promotor de uma especial "competição", a dos famosos «Bilhetes Dourados», que ditou a sorte das figuras infantis a que aludimos e que mudou a vida de Charlie, desempenha, pois, a função actancial de adjuvante.

A todas as figuras é comum a extraordinária e/ou especial descrição construída por Dahl. São retratos que, além de, não raras vezes, evidenciarem recortes caricaturais, se distinguem pela ironia e pela sátira, servindo, em muitos casos, por um lado, a ridicularização de personagens e, por outro lado, a "elevação"/sublimação do próprio protagonista que se diferencia dos "maus". E, para estes, para os "maus" (por exemplo, gulosos como Augusto Lamacento, egoístas, exigentes e materialistas, como Verruga Salgado, ou obcecados, como Mike Tevê, por exemplo), encontra-se reservado/a um/a punição final/castigo/mau fim.

Outro aspecto a ressaltar reside na própria arquitectura diegética. A acção esquematiza-se a partir da estrutura-modelo "situação inicial-peripécias-ponto culminante-desenlace" e fecha-se positiva ou euforicamente com a recompensa do pequeno herói que acaba por "reabilitar", afinal, toda a família. Além disso, o relato narrativo, aberto de forma peculiar, a partir da interpelação directa do próprio destinatário extratextual[29], e distribuindo-se por 30 capítulos, relativamente breves, pautando-se por uma irrepreensível coesão, é sustentado pelo mecanismo do *suspense*, mobilizado, por exemplo, de capítulo para capítulo, a partir da retoma da expressão final de um que se torna a abertura do outro[30]. Esta

---

[28] *Vide*, por exemplo, a abertura do capítulo 14, pp. 85 e 86; Cf. «Não quero nenhum adulto. Os adultos não me vão dar ouvidos, em aprender. Vão tentar fazer as coisas à maneira deles e não à minha maneira. É por isso que preciso de uma criança. Quero um bom menino, meigo e sensato, a quem eu possa contar todos os meus segredos mais valiosos sobre o fabrico dos doces, enquanto estiver vivo.» (*idem, ibidem*: 210-211).
[29] Cf. «Este é Charlie. Como estás? E como estás tu? E como estás tu, mais uma vez? Ele está contente por te conhecer.» (Dahl, 2011: 13)
[30] Cf, por exemplo, capítulos 22 e 23.

estratégia, naturalmente envolvente, impõe/propõe um especial ritmo de leitura.

De notar, também, as múltiplas alusões do agrado infantil e/ou facilmente reconhecidas pelo potencial receptor, designadamente do campo lexical/semântico dos doces ou das gulodices, apresentadas com inovação e humor. Veja-se, a título exemplificativo, inscrições em portas como «almofadas comestíveis de farófias», «papel de parede de lamber para quartos de criança», «gelados quentes para os dias frios», «vacas que dão leite achocolatado» (Dahl, 2011: 148-149), ou, ainda, as etiquetas de botões do elevador como «Mina de torrões de açúcar – a 3000 metros de profundidade»; «pistolas de carnaval com sumo de morango», «árvores de maçãs caramelizadas para plantar no jardim – todos os tamanhos», «chupa-chupas luminosos para comer na cama à noite», «gomas de menta para o rapaz que mora ao lado – ele vai andar um mês com os dentes verdes», «maçapão para cavidades dentárias – acabam-se as idas ao dentista» (*idem, ibidem*: 169), entre outras.

Importa, porém, recentrar e/ou fixar, agora, a nossa atenção na famosa *chocolataria ou fábrica de chocolate de Willy Wonka*, e que, substantivando o *lugar (do) imaginário*, por excelência, da ficção aqui em pauta, se afigura um dos aspectos mais apelativos da obra em análise. Contrastando em forma, dimensão e essência com a casa de Charlie e da sua família – uma exígua «casinha de madeira, no extremo de uma grande cidade. (...) [que] não era suficientemente grande para tantas pessoas (...). (...) no inverno havia umas correntes de ar geladas que varriam o chão a noite inteira, e era horrível.» (*idem, ibidem*: 14 e 15), uma casa típica de um cenário dickensiano –, a fábrica é um local amplo, com muitas salas, corredores e um grande elevador de vidro, um cenário de abundância, de vertigem, de surpresa. Da sua descrição sobressaem as inúmeras notações de cor, de cheiro, de som e de movimento, frequentemente a partir de sucessivas sinestesias -– «o delicioso cheiro a chocolate à sua volta» (*idem, ibidem*: 18). Marcantes são as imagens de elementos líquidos, como um rio - – «um grande rio castanho» (*idem, ibidem*: 93) –-, uma queda–d'água, um «enorme repuxo a espalhar um líquido castanho e espesso pelo chão» (*idem, ibidem*: 173) ou «um lago de caramelo quente a fumegar» (*idem, ibidem*: 173), paralelamente a outros apontamentos naturalistas como uma «grande montanha escarpada, toda feita de chocolate crocante» (*idem, ibidem*: 173), árvores, arbustos[31] e erva[32], todos surpreendentemente comestíveis e alvo de uma descrição a tocar o idílico, cromaticamente forte.

A fábrica de chocolate ou a chocolataria de Willy Wonka emerge, pois, como um espaço que se desvia substancialmente do real empírico, integrando o conjunto de universos imaginados para «alojar a magia», um lugar onde «o impossível não choca[que] com o que o circunda» (Manguel e Guadalupi, 2013: XXXV). É um espaço de criatividade, sofisticadamente imaginado, de «boa» invenção (Tucker, 2009: 564), de ficção, em muitos aspectos, científica, como se observa, por exemplo, no episódio da «sala de chocolate por televisão» (cap. 26). É um lugar «muito mobilado», «até aos mais ínfimos pormenores» (Adam e Revaz: 1997, 34), que, não se apresentando em conformidade com o que encontramos no mundo da nossa experiência, não deixa nenhum leitor indiferente[33], porque, na realidade e em última estância, ele é um «espaço feliz», uma «topofilia» (Bachelard, 2003: 19), na acepção bachelardiana.

Uma nota, ainda, para assinalar a presença muito significativa de um conjunto de ilustrações[34], assinadas por Quentin Blake, como mencionámos. Sobre estas, importa registar a sua sintonia com o próprio texto. Construídas com a leveza e o "despojamento" de traços que caracterizam o registo visual do ilustrador em questão, a colocação de pequenos segmentos visuais em momentos cruciais do enredo reitera e possibilita, ainda, uma ampliação imaginativa da mensagem.

> *Charlie e a Fábrica de Chocolate* permite, assim, *concluir* que
> "(…) as ficções são projecções delirantes que nascem da convergência do imaginário de cada autor com a receptividade selectiva da sociedade

---

[31] Cf. Dahl, 2011: 95.
[32] Cf. «A erva que estão a pisar, meus queridinhos, é fabricada com uma nova variedade de açúcar fino de mentol que acabei de inventar! Chamo-lhe mentolúcar! Provem um talo! Vá, provem! É delicioso!» (*idem, ibidem*: 96).
[33] «Hago mis historias con gran exageración. Es la única manera de llegar a los chicos», afirmou Dahl, conforme se pode ler em http://revistababar.com/wp/dahl-roald/.
[34] As primeiras edições de *Charlie e a Fábrica de Chocolate* foram ilustradas por Faith Jacques (1923-1997).

onde vive, sendo as suas personagens não mais que fantasmas que ele propõe ao ambiente em que se insere, de maneira que, se estas possuírem uma funcionalidade gratificadora em relação às expectativas latentes no seu tecido social, prosperam e são consolidadas" (Gubern, 2005: 12)

Terminamos, pois, afirmando que, conforme procurámos atestar nesta abordagem, hoje, como ontem, por razões diversas, «a funcionalidade gratificadora em relação às expectativas latentes» acerca das personagens e dos espaços efabulados por Roald Dahl, porque aí tão bem se aliam perversidade, irreverência e subversão, mas também amabilidade, doçura e humor, fertiliza-se, em cada leitura (ou por cada leitor), e a sua produtividade imaginária (individual e colectiva) parece confirmar-se, consolidando-se.

Referências

ADAM, J.-M. e REVAZ, F. (1997). *A análise da narrativas*. Lisboa: Gradiva.
BACHELARD, G. (2003). *A Poética do Espaço*. São Paulo: Martins Fontes (6ª ed.).
CARPENTER, H. e PRICHARD, M. (2005). *The Oxford Companion to Children's Literature*. Oxford: Oxford University Press.
CORBIN, C. (2012). Deconstructing Willy Wonka's Chocolate Factory: Race, Labor, and the Changing Depictions of the Oompa-Loompas. *The Berkeley McNair Research Journal*, 47-63 [Em linha] [Consultado em 24.06.2015] Disponível em http://ourenvironment.berkeley.edu/wp-content/uploads/2012/07/UCB_McNair_Journal_2012_wc.pdf
DAHL, R. (2011). *Charlie e a Fábrica de Chocolate*. Porto: Civilização (ilustrado por Quentin Blake).
DAVIS, R. B. (2009). Exploring the Factory: Analyzing the Film Adaptations of Roald Dahl's Charlie and the Chocolate Factory. Tese. Georgia State University [Em linha] [Consultado em 22.06.2015] Disponível em http://scholarworks.gsu.edu/english_theses/72
FERREIRA, V. (1994). *Conta-corrente IV*. Lisboa: Bertrand.
GUBERN, R. (2005). *Máscaras da Ficção*. Lisboa: Fim de Século Edições.
HISSAN, W. S. M. (2012). An analysis of the children's characters in Roald Dahl Novel: *Charlie and the Chocolate Factory*. *Indonesian Journal of*

Applied Linguistics, 2(1), 83-92 [Em linha] [Consultado em 24.06.2015] Disponível em http://ejournal.upi.edu/index.php/IJAL/article/view/107

LERER, S. (2009). *La magia de los libros infantiles*. Barcelona: Ares y Mares.

LOPES, S. R. (2011). Imaginário - «Atenção aos degraus! *Cadernos do CEIL – Revista multidisciplinar de estudos sobre o imaginário*, 1, 28-34.

MAFFESOLI, M. (2001). O imaginário é uma realidade [entrevista ao autor]. *Revista Famecos*, 15, 74-81 [Em linha] [Consultado em 24.06.2015] Disponível em http://www.revistas.univerciencia.org/index.php/famecos/article/view/285/217

MANGUEL, A. e GUADALUPI, G. (2013). *Dicionário de lugares imaginários*. Lisboa: Tinta da China.

MARTÍN ORTÍZ, P. (2009). Presencia del humor en la literatura de Roald Dahl. *AILIJ (Anuario de Investigación en Literatura Infantil y Juvenil)*, 7 (2), 87-98.

NIKOLAJEVA, M. (2005). *Aesthetics approaches to chidren´s literature: an introduction*. Oxford: Scarecrow Press.

O'SULLIVAN, E. (2005). *Comparative Children's Literature*. NY: Routledge.

PEREIRA, P. A. C. (2011). Imaginário e Literatura. Apontamentos a propósito de um elenco bibliográfico. *Cadernos do CEIL – Revista multidisciplinar de estudos sobre o imaginário*, 1, 172-175.

TUCKER, N. (2009). *Charlie and the Chocolate Factory*. In J. Eccleshare. *1001 Children's Books you must read before you grow up*. London: Quintessence, p. 564.

TUMER, I. (2009). *Analysing Roald Dahl's works for children as a means of social criticism*. [Em linha] [Consultado em 24.06.2015] Disponível em http://tedprints.tedankara.k12.tr/27/1/2009-Irem%20Tumer.pdf

VIÑAS VALLE, L. (2009). The concept of "influence" in children's literature: the case of Roald Dahl. *AILIJ (Anuario de Investigación en Literatura Infantil y Juvenil)*, 7 (2), 141-156.

WEST, M. I. (1998). *Trust your children*. London: Neal-Schuman Publishers.

CAPÍTULO 4

Imaginário e Identidades Culturais na Literatura Infantil Brasileira [35]

Maria Antónia Ramos Coutinho
Universidade do Estado da Bahia/Brasil

Introdução

As discussões intensificadas na cultura, sobretudo a partir das últimas décadas do século XX, e no século XXI, em torno dos estudos multiculturalistas, dos movimentos sociais e das políticas públicas afirmativas, desvelando os inúmeros estereótipos que marcam as relações étnicas, refletem-se no campo literário e engendram uma estética do "Outro", através de narrativas que promovem o reconhecimento da alteridade e rasuram o discurso da igualdade como representativo das nações.

Os signos da identidade, da diferença e da diversidade transitam, sobretudo nos dias atuais, por entre as malhas de uma rede discursiva, envolvendo países e culturas distintas, com vistas a novas formas de convivência e de inclusão de populações historicamente colocadas à margem pela lógica da estigmatização e da essencialização do "Outro", imposta pela racionalidade do colonizador, legitimada ao longo do tempo nas historiografias oficiais.

Na sociedade pós-moderna, em que o fenômeno da globalização produz "escalas indefinidas de tempo-espaço" (Giddens, 1990 *apud* Hall, 2003: 16) e "ondas de transformação social atingem virtualmente toda a superfície da terra" (Giddens, 1990 *apud* Hall, 2003: 15), a literatura

---

[35] Coutinho, M. A. R. (2015). Imaginário e Identidades Culturais na Literatura Infantil Brasileira In F. Azevedo (Coord.), *Literatura Infantil e Imaginário* (pp. 49-63). Braga: Centro de Investigação em Estudos da Criança / Instituto de Educação. ISBN: 978-972-8952-35-8.

infantil, enquanto um sistema de representações do "Outro", propõe-se como uma ferramenta de fundamental importância para a formação de uma sociedade que acolha processos de comunicação abertos e dinâmicos, e promova um diálogo entre as sociedades tradicionais, em que "o passado é venerado e os símbolos são valorizados porque contêm e perpetuam a experiência das gerações" (Giddens, 1990 *apud* Hall, 2003: 14), e as práticas da sociedade pós-moderna global, trançando elos entre passado, presente e futuro.

A inserção de práticas leitoras, na Educação Básica, que contemplem atividades de construção de sentido a partir de textos de literatura infantil em que sejam valorizadas a pluralidade e a diversidade cultural, constitui-se um caminho importante para a educação intercultural, ancorada nos aportes das teorias pós-coloniais, da crítica pós-estruturalista e nas reflexões contemporâneas, no campo das ciências sociais e da educação, que enfatizam o caráter processual e relacional das identidades.

A literatura infantil, prática simbólica, cultural e social, além de refletir o contexto e as ideologias vigentes, comporta, via de regra, uma dimensão fortemente utópica, catalisando o desejo dos adultos por mudanças e transformação social. Por ser a criança o seu leitor preferencial, aspira à formação de consciências e atitudes positivas e desejáveis para a construção de uma cidadania democrática, projetando-se para o futuro. Como afirma Azevedo (2011:10), os "livros da literatura infantil falam-nos do desejo e da possibilidade de aspirarmos à utopia, de a concretizarmos e de a tornarmos exequível"

O ideal de convivência e de interação em sociedades diversas e plurais vem alimentando, em vários países, a produção de livros multiculturais destinada ao potencial leitor infantil, o que demanda dos mediadores, no processo de formação do leitor, mentalidades abertas aos dilemas contemporâneos, conhecimento teórico, análise crítica e metodologias orientadas para uma práxis que tenha, como eixo estruturante, o respeito ao "Outro", em sua diversidade.

No recorte aqui realizado, o esforço investigativo concentra-se, particularmente, em um conjunto de narrativas inscrito no quadro da literatura infantil brasileira contemporânea que se constitui espaço de representação da diversidade cultural , da voz e do ponto de vista de populações historicamente excluídas, configurando-se como um dispositivo de transformação social à medida que coloca em circulação novas imagens e representações do Outro, enquanto se desloca o imaginário que antes conferia estabilidade ao mundo social. Como acentua Stuart Hall,

> "(...) as velhas identidades, que por tanto tempo estabilizaram o mundo social, estão em declínio, fazendo surgir novas identidades e fragmentando o indivíduo moderno, até aqui visto como um sujeito unificado. A assim chamada "crise de identidade" é vista como parte de um processo mais amplo de mudança, que está deslocando as estruturas e processos centrais das sociedades modernas e abalando os quadros de referência que davam aos indivíduos uma ancoragem estável no mundo social." (Hall, 2003: 7).

Ao referir-se às identidades culturais, ou seja, ao pertencimento a culturas étnicas, de classe, religiosas, sexuais, regionais, e, sobretudo, nacionais, Hall reflete sobre os descentramentos e os deslocamentos operados pelas mudanças estruturais nas sociedades, a partir da segunda metade do século XX, que abalaram a noção de sujeito com uma posição fixa e estável na paisagem cultural, antes determinada por um sistema de representações culturais nacionais que se pretendia unificado e homogêneo. (Hall, 2003: 49).

Postula-se aqui uma articulação entre as contribuições dos Estudos Culturais, da Literatura Infantil e da Educação, a partir do pressuposto de que não existe um lugar privilegiado de produção do conhecimento, mas uma multiplicidade de saberes que se entrecruzam dentro de um largo espectro para onde confluem relações de força e poder, de forma tensa e conflitiva. O interesse maior, na perspectiva adotada, recai sobre as produções literárias representativas de sujeitos posicionados às margens em relação aos estratos que detêm o poder econômico e social e cujas identidades têm sido relegadas a uma condição de inferioridade por concepções discriminatórias, preconceituosas e excludentes historicamente construídas.

Conforme Morgado e Pires,

> "Falar em literatura infantil nestes termos só é possível após a viragem cultural dos estudos literários que abriram a literatura infantil (que nunca

integrou bem o polissistema literário) a abordagens interdisciplinares e a factores históricos, sociais e ideológicos, no quadro de teorias pós-coloniais, estudos de género ou crítica pós-estruturalista." (Morgado e Pires, 2010:13)

Silva (2009: 45) ressalta a necessidade de utilizar-se o termo interculturalidade "para pensarmos em uma ética da alteridade que construa pontes criativas entre as culturas e não apenas definições de arenas de conflitos". Esquivando-se de uma concepção dicotômica e binária, que opõe o Eu X o Outro, em uma sociedade caracterizada pela miscibilidade, como é o caso, particularmente, da sociedade brasileira, a educação intercultural implica no reconhecimento do direito à diversidade e na criação de espaços de negociação, intersecção, troca e intercâmbio entre os grupos identitários, de forma dinâmica e aberta, ainda que as tensões e as contradições não sejam anuladas.

No Brasil, um conjunto de fatores de ordem social, política e educacional criou um cenário favorável ao surgimento de novos modos de representação das populações invisibilizadas na historiografia oficial, e projetadas, de forma disfórica, caricata ou idealizada, na constituição do cânone literário brasileiro. No contexto educacional, como resultado dos movimentos de resistência e das transformações ideológicas emergentes no corpo social, foi promulgada a Lei 10.639/03, tornando obrigatória a inclusão do ensino da História da África e Cultura Afro-brasileira nas escolas. Posteriormente, sancionou-se a Lei 11.645/08, que determinava a inclusão da História e da Cultura Indígena nos currículos escolares, deslocando-se assim a concepção monocultural historicamente subjacente ao sistema de ensino brasileiro. Políticas afirmativas do Governo Federal, como a criação da Secretaria Especial de Políticas de Promoção da Igualdade Racial (Seppir), ofereceram dispositivos legais para o reconhecimento e a valorização da cultura dos povos constitutivos da identidade e da memória nacional, favorecendo o surgimento de diversas publicações em torno das relações étnico-raciais.

No campo da literatura infantil brasileira, assiste-se, atualmente, a um processo de emergência de obras literárias que reflete a multiculturalidade da constituição do povo brasileiro e contribui para a criação de um novo imaginário coletivo em relação às minorias étnicas e raciais. Pela via da ficcionalidade, uma rede discursiva se organiza de modo a conferir visibilidade a atores sociais oriundos de grupos historicamente considerados subalternos.

Examinada a partir dos eixos identitários da raça, da etnia, da relação intergeracional e da diversidade que caracterizam os personagens que transitam pelo espaço ficcional, a literatura infantil brasileira afigura-se como lugar da representação das relações afetivas, familiares e comunitárias da criança, conformando-se como um projeto ao mesmo tempo ético, estético e político, que possibilita uma reflexão mais ampla sobre questões fundamentais do debate contemporâneo, e privilegiado instrumento para se pensar a infância em relação aos vários contextos culturais e sociais.

A temática da pluralidade étnica, nas obras literárias, se manifesta através de várias tendências literárias. O livro *Omo-Oba*: histórias de princesas, de Kiusam de Oliveira (2009), ilustrações de Josias Marinho, publicado pela Maza Edições, em Belo Horizonte/ Minas Gerais, por exemplo, gravita em torno dos eixos da religiosidade e da oralidade e recorre ao universo simbólico e maravilhoso da mitologia africana, em sua dimensão cosmogônica. O projeto político e cultural que move a obra, representativo de um naipe da produção da literatura infantil contemporânea, se explicita não só no conteúdo narrado e no projeto gráfico-visual, mas em todos os elementos paratextuais que a configuram.

O texto biográfico, apenso à quarta capa do livro, além de inserir a obra em um *corpus* com uma linha temática e um modo de produção e de leitura claramente definidos – "histórias fantásticas, calcadas num discurso engajado na política do empoderamento das identidades negras", estabelece laços estreitos entre a escrita e o corpo, particularmente, a corporeidade afro-brasileira: "tia de três lindas crianças, Kayo Odê, Yasmim e Isabella, [Kiusan de Oliveira] procura mostrar a eles formas de estarem fortes neste mundo, a partir da valorização da autoimagem negra e dos cabelos blacks ou trançados" (Oliveira, 2009).

No Brasil, os cabelos "trançados", "blacks", cacheados e seu poder transformador é de certa forma um *tropo* recorrente na literatura infantil contemporânea, enquanto um marcador étnico muito significativo na construção da imagem da criança negra e na afirmação do seu diferencial em relação às convenções estéticas dos grupos de matriz europeia, com vistas à assunção da consciência negra.

No texto de Apresentação, a voz autoral afirma reforçar, nas histórias contadas, advindas de fontes tradicionais e narradas pelo povo iorubano e afro-brasileiro, "as características que julgo capazes de empoderar meninas de todo os tempos" (Oliveira, 2009: 7), exprimindo o vínculo da obra com o contexto cultural e histórico e o seu caráter iniciático em relação à subjetividade feminina do público a que se destina. Tanto as narrativas, como os elementos paratextuais, exibem, além das marcas de etnicidade, outras, de gênero.

No livro *Omo-Oba*, são narradas histórias, em linguagem mitopoética, de sete princesas meninas negras, orixás femininos ainda no estágio infantil, o que aproxima esses personagens do público, facilitando o pacto com o leitor infantil e o processo de identificação. São elas: Oiá e o búfalo interior; Oxum e seu mistério; Iemanjá e o poder da criação do mundo; Olocum e o segredo do fundo do oceano; Ajê Xalungá e o seu brilho intenso; Oduduá e a briga pelos sete anéis.

O projeto gráfico visual, em diálogo com o código verbal, confere realce à pele negra e aos cabelos cacheados das figuras impressas sobre páginas coloridas, produzindo um efeito estético que amplia o campo de percepção do leitor e de significação da obra.

Ressaltam-se os atributos dos orixás femininos, reportados à infância: Oiá, menina guerreira, possuía beleza, graça, rapidez, determinação e genialidade; Oxum sabia ser guerreira, mas preferia cuidar de sua beleza: unhas, cabelos, pele e das jóias de ouro que possuía. Seus atributos: beleza, vaidade, atrevimento, genialidade, determinação e maternidade. Já Iemanjá era detentora da beleza, maternidade, tranquilidade, equilíbrio, determinação e tinha poderes especiais: podia criar, de dentro dela, estrelas, nuvens e os orixás. Olocum tinha como características: a introspecção, a contemplação, a timidez e a quietude. Guardava o segredo de ser anfíbia. Ajê Xalugá, irmã caçula de Iemanjá, possuía como atributos beleza, impetuosidade, curiosidade, orgulho, determinação e coragem. Finalmente, Oduduá, a Terra, possuía como atributos a rapidez e a determinação.

O universo mítico/religioso africano, governado pelas forças da Terra, do Mar, dos Rios, das Florestas, do Céu, que os Orixás corporificam, reinventa-se em sua dimensão maravilhosa, de modo a aproximar-se do potencial leitor infantil, pela via do imaginário, engajando-se no projeto político de "empoderamento das identidades negras" (Oliveira, 2009), conforme se pode perceber na passagem a seguir, que narra o surpreendente momento da metamorfose da princesa menina Oiá em... búfalo!

> "Neste dia, Ogum resolveu segui-la. No meio da floresta, pé ante pé, tentando não fazer barulho, Ogum viu sua amiguinha parar, olhar para os lados e ir atrás de uma árvore, quando...
>
> – Mas o que é isto? – gritou Ogum.
>
> Era um búfalo, um búfalo filhote, um búfalo que sorria e que corria como o vento e que, conforme corria, fazia levantar um poeirão vermelho do chão. Ogum não esperou nem um minuto: saiu correndo atrás daquele búfalo, sem entender o que estava acontecendo. Ele pensava: "Ué, mas eu vi Oiá ir atrás daquela árvore e de lá saiu um búfalo. Será que Oiá...Não, não, não. Isto não é possível".
>
> Ogum, com toda a força que tinha em seu corpinho de menino, corria atrás do búfalo para ver até onde ele iria. Até que o búfalo parou. Ogum também parou e rapidamente se escondeu. Viu o búfalo olhar para os lados quando, de repente, o búfalo ficou em pé apoiado nas duas traseiras e, com uma das patas dianteiras, pegou um dos chifres e o ergueu na direção do céu. A pele do búfalo foi se soltando do corpo e por baixo dela estava...
>
> – Oiá! – gritou Ogum, saindo de seu esconderijo.
>
> – Ogum, seu danadinho. Você me seguiu – falou Oiá." (Oliveira, 2009:13-14)

A autora recorre ao repertório da memória coletiva para recriar narrativas, aproximando o leitor da esfera do sagrado, das concepções de mundo, do conjunto de símbolos e crenças da comunidade tradicional de matriz africana, e produzir novos significados, em conformidade com as demandas sociais e ideológicas das realidades empíricas e factuais em que se inserem. Dessa forma, se, por um lado, as histórias narradas apresentam um conteúdo simbólico arquetípico, trans-histórico, por outro, deixam-se modelizar pela experiência sociocultural particular e pela força geratriz que move a existência dos grupos sociais em determinado momento histórico:

> "– Quer dizer que este é o seu segredo de força, de determinação, de graça e beleza? – perguntou Ogum.
>
> Ao que Oiá respondeu:
>
> – Toda menina, toda mocinha e toda mulher tem dentro de si a força e o poder de um animal selvagem sagrado que, em certos momentos, devem ser colocados para fora, devem explodir para o universo com a mensagem de que fazemos parte de tudo isto." (Oliveira, 2003: 15)

A transmutação da princesa menina Oiá em um animal forte e poderoso como o búfalo, adquirindo uma forma corporal gigantesca, manifesta a potência do feminino e das forças internas e selvagens latentes, refletindo o desejo de integração em uma ordem universal. Os fenômenos metamórficos, segundo Teresa Macedo (cit. in Azevedo, 2010: 100), constituem-se "sinais de orientação para a interpretação de outros universos, apresentados nos contos como metáforas ou sugeridos por mitos intemporais".

Outro elemento constitutivo das obras de afirmação identitária diz respeito ao uso da língua. As histórias de Omo-Oba, narradas em língua portuguesa, apresentam-se entremeadas de termos oriundos das línguas africanas, seguidos de construções discursivas (apostos, orações apositivas, sinonímia), que esclarecem o significado dos vocábulos incorporados familiarizando o leitor infantil não só com o léxico da comunidade cultural de onde procedem, mas com a cosmovisão e a experiência cultural que a língua comporta.

A reflexão sobre os usos concretos da língua, a resistência linguística à cultura dominante e os processos de apropriação tem ocupado posição de centralidade na crítica pós-colonial. Segundo Olazigeri (cit. in Azevedo, 2010: 138), a glosa, isto é, a inserção da tradução de um vocábulo, seria a forma mais simples de hibridização linguística. No livro *Omo-Oba* (Oliveira, 2009), podem-se recolher vários exemplos desse fenômeno linguístico, como na passagem a seguir, em que o narrador descreve os adereços e os elementos que formam o arquétipo de Oiá.

> "Oiá era uma linda princesa menina, muito conhecida pela sua determinação. Gostava muito de usar seu *adê*, isto é, sua coroa de palha da costa enfeitada com búzios. Também levava sempre em sua mão esquerda seu *erukerê*, seu cetro de princesa, que também servia para espantar os mosquitos e alguns espíritos." (Oliveira, 2009: 11).

Segundo Mozart Linhares da Silva (2009: 29), ao se discutir a narrativa identitária, é necessário enfrentar duas questões: a crença em uma identidade fixa, nacional, homogênea, quando as identidades são relacionais e historicamente construídas, e o mito da coexistência pacífica das três raças fundadoras, uma vez que a sociedade brasileira é um espaço de tensões, preconceitos e conflitos, no qual se movem os segmentos populacionais que a constituem.

Memória, corpo e coração

Os trabalhos da memória, com suas lacunas, suas incompletudes, seus esquecimentos e, ao mesmo tempo, seus acréscimos e invenções, fazem as narrativas aderirem a diferentes visões de mundo dos indivíduos, produzindo uma teia discursiva em conformidade com os lugares culturais de cada sujeito enunciativo, cuja voz emerge do interior da realidade cultural reencenada.

Nessa perspectiva, adquire relevância a questão da autoria, no caso específico brasileiro, sobretudo de escritores negros e índios, que se valem da potencialidade da linguagem ficcional para aludir à própria experiência, à incessante busca identitária, a uma forma de participar de um mundo ainda dominado por forças hegemônicas, fazendo reverberar em suas obras vozes por muito tempo silenciadas. Como sublinha Graúna (2013: 20), a "situação do(a) escritor(a) negro e (a) indígena, por exemplo, não está desapartada da sua escrita. A sua história de vida (auto-história) configura-se como um dos elementos intensificadores na sua crítica-escritura, levando em conta a história de seu povo."

Desse *corpus,* em que o nome e a assinatura autoral também se afirmam não como uma genealogia do autor, mas como uma marca racial e étnica, de matriz coletiva, recolhe-se a obra *As fabulosas fábulas de Iauaretê* (2007), de Kaká Werá Jecupé. Da quarta capa, extrai-se o comentário:

> "Neste esperado livro de Kaká Werá, índio de origem Tapuia, pioneiro no registro dos mitos dos povos indígenas brasileiros, você vai se maravilhar com as aventuras e desventuras da onça-rei Iauaretê, que de dia vira gente e, à noite, foge dos caçadores para salvar sua vistosa pele pintada e de seus filhos, Juruá e Iauaretê- Mirim.
>
> Resgatados das mais ancestrais histórias brasileiras, alguns episódios foram originalmente coletados pelo general Couto de Magalhães, famoso

folclorista que, em 1873, a mando de Dom Pedro II, viajou de norte a sul do país para pesquisar lendas, contos e fábulas dos nativos, e teve suas histórias revisitadas por contadores de todo o Brasil, até mesmo por Guimarães Rosa e Clarice Lispector.

Aqui Kaká traz o jeito "índio" de contar, o jeito fantástico que ele ouviu e aprendeu no parque Nacional do Xingu dos narradores Kamaiurá, Trumai e Xavante, ou dos Krahô, na beira do Tocantins." (Jecupé, 2007)

Como o próprio autor também esclareceu no posfácio à obra, o general Couto Magalhães, no trabalho de coleta de histórias, a mando de Dom Pedro II, em viagens pelos rios Paraguai e Amazonas e por Belém do Pará, em 1873, recolheu narrativas oriundas de quatro etnias: os Tupis, os Kadiweu, os Munduruku e os Bororo, reunidas como *Mitologia zoológica na família tupi-guarani*, e publicadas em português e em língua tupi, no livro *O selvagem*. Jecupé leu os originais em língua Tupi e notou que possuíam "um jeito próprio, nativo, de contar", (Jecupé, 2007: 82), o mesmo que ele já tinha ouvido no Parque Nacional de Xingu, dos narradores Kamaiurá, Trumai, Xavante e na beira do rio Tocantins, dos narradores Krahô. Jecupé estabeleceu um vínculo entre o fantástico dessas narrativas, para ele semelhante ao realismo mágico, e o jeito índio de narrar o seu particular mundo anímico, em que "entidades míticas participam da vida humana e a magia é uma coisa cotidiana" (Jecupé, 2007: 82).

No prefácio, é dado conhecimento ao leitor, pelo autor, do lugar ocupado pela oralidade, via a prática cultural de contar histórias, na escrita das narrativas *As fabulosas fábulas de Iauaretê* (Jecupé, 2007: 7): "Desde quando minha filha Sawara tinha 5 ou 6 anos eu conto estas histórias para ela. Neste projeto, lhe pedi que me recontasse, hoje, com 11 anos de idade, aquilo que ela lembrasse e gostasse para me ajudar na escritura".

Através da inversão do percurso narrador-narratário, firma-se um pacto com a memória infantil, cujas imagens fixadas durante a recepção dos contos na infância migram para o contexto literário, e para o quadro visual da obra, de autoria da própria Swara, filha do autor. Dessa estratégia, surge uma produção em que a assimetria adulto-criança na literatura-infantil se mostra minimizada, pelos desenhos infantis a lápis coloridos e pelas estratégias textuais de uso de uma linguagem lúdica, simples, objetiva, direta.

O tráfego entre a oralidade e a escrita, no Brasil, é intenso e o *continuum* entre os universos representados por essas duas modalidades demonstram o hibridismo permanente de uma cultura marcadamente polifônica, sobretudo na contemporaneidade, tempo em que os escritores descendentes de populações historicamente exiladas, se, de um lado, afirmam seu lugar de pertencimento a sociedades de fundamentos orais, por outro, ocupam eles mesmos posições muitas vezes prestigiadas na cidade letrada e, portanto, são atravessados pelos valores veiculados pela cultura escrita. Os saberes que incorporaram das vivências e a reinvenção das suas experiências, transmutando-as em obras literárias, por certo ampliam a possibilidade de compreensão da realidade do país, narrado a partir de vozes cindidas, que trazem à cena da escritura um lugar de enunciação híbrido. Como postula Graúna (2013: 16), o texto literário

> "permite observar a relação entre identidade, auto-história, deslocamento e alteridade [...] Essa relação suscita uma leitura entre real e imaginário, oralidade e escrita, ficção e história, tempo e espaço, individual e coletivo e de outros encadeamentos imprescindíveis à apreensão da autonomia do discurso e da cumplicidade multiétnica (diálogo) que emanam dos textos literários (poemas, contos, crônicas) e da ecocrítica nos depoimentos, nas entrevistas, nos artigos e outros textos de autoria indígena."

O vínculo com a transmissão oral, no livro *As fabulosas fábulas de Iauaretê* (Jecupé, 2007), reflete-se no uso de um estilo que recorre a formas conversacionais dos diálogos, períodos curtos, linguagem informal, sinais expressivos como exclamações e interrogações, narrativas breves, repetições e paralelismos, tom coloquial, expressões populares, sequências narrativas entremeadas de lirismo e bom humor, como se percebe neste trecho da história "A mulher que se casou com Iauaretê" (Jecupé, 2007: 24):

> *"Não sei se vocês sabem,* mas nas aldeias indígenas costuma-se fazer festas e celebrações para honrar os animais. Cada aldeia possui o seu animal-totem, que são aqueles mais reverenciados e se tornam espíritos protetores do povo.
>
> *Pois bem,* na aldeia Kamaiurá das Águas Claras da Lagoa do Morená, toda lua cheia se faz *uma grande festa* para a onça. *É uma festa com muita dança,* muitos frutos e muito peixe! Todos cantam até o amanhecer.

É *uma festa tão boa* que a onça-rei, Iauaretê, *fica de butuca*, bem longe, olhando e admirando, toda vez que a lua aparece com seu esplendor dourado na noite.

Um dia, ele quis participar da festa e pediu a Tupã que o transformasse em um guerreiro da tribo. Tupã consentiu, mas com uma condição: que ele seria gente somente até o sol raiar e, uma vez transformado, não poderia se *destransformar*. Ficaria sendo gente de noite e onça de dia.

Foi assim que a onça-rei começou a dançar junto com o povo da tribo, *toda pintada de si mesmo, nas noites de lua cheia.*"

Nesse mundo primordial, o sagrado e o profano, a onça e os homens se encontram e se encantam nas noites poéticas de lua cheia, sob os auspícios de Tupã. A onça transforma-se no guerreiro Kamaiurá, metamorfose narrada de forma rápida e objetiva, como a sugerir a naturalidade dos processos isomórficos na vida indígena, iniciando-se, assim, um ciclo criativo com o casamento do guerreiro-onça e a bela Kamakuã e o nascimento dos filhos Juruá e Iauaretê-mirim.

A frase inaugural "Não sei se vocês sabem, mas nas aldeias indígenas costuma-se fazer festas e celebrações para honrar os animais " (Jecupé, 2007: 24) – sugere, como leitor implícito, uma comunidade leitora externa ao território geopolítico indígena, com quem são compartilhados os espaços, costumes, códigos simbólicos e míticos das etnias indígenas, reapropriados pelo escritor, o qual, pela via da reinscrição literária, toma posse dos lugares e da experiência vivida, reafirmando a sua identidade.

Como reflete Roland Walter (in Graúna, 2013:11),

> "É por meio da literatura enquanto espaço mnemônico que escritores multiétnicos das Américas recriam os mitos necessários para se enraizar como sujeitos autóctones. A reapropriação do espaço via memória possibilita a colocação do sujeito na sua própria história. A renomeação do seu lugar e da sua história significa reconstruir sua identidade, tomar posse de sua cultura; significa, em última análise, resistir a uma *violência epistêmica* que, nas suas diversas formas e práticas continua até o presente."

Há pouco mais de dez anos, nascia no Brasil um movimento literário reunindo autores de diferentes comunidades indígenas brasileiras, "com o objetivo de instrumentalizar a sociedade brasileira para o entendimento de sua diversidade cultural e linguística." (Munduruku, 2013). A organização desses escritores em instituições como o Inbrapi/ Núcleo de Escritores e

Artistas Indígenas (NEArln), criada em 2003, para a proteção dos direitos de propriedade intelectual dos povos originários do Brasil; o Encontro anual desses autores no Salão da Fundação Nacional do Livro infantil e Juvenil (FNLIJ). Sessão brasileira da International Board on Books for Young People (IBBY); a criação, em 2004, do Concurso Tamoios de Textos de Escritores Indígenas, com publicação dos textos vencedores e a proclamação da década dos povos indígenas (2005-2015), pela UNESCO, são algumas das iniciativas que vêm fortalecendo a produção literária de povos como Maraguá (AM), Tukano (AM), Krenak (MG), Pataxó (MG), entre outros, possibilitando ao leitor infantil "compreender o sentido da cultura que se movimenta em constante caminho de atualização e sobrevivência" (Munduruku, 2013) .

A modo de conclusão

Os estudos contemporâneos, no âmbito da crítica literária, põem em relevo as relações entre literatura e história. A literatura infantil, na medida em que comporta a dimensão utópica de formação dos sujeitos para uma sociedade plural e multiétnica, inclui-se nas discussões sobre as questões identitárias que compareçam ao debate, com vistas à construção de sociedades, em âmbito local e global, nas quais a convivência entre as diferentes civilizações se torne possível e os conflitos, as tensões e violências físicas e simbólicas, resultantes dos fenômenos de imigração, dos deslocamentos massivos e da ação homogeneizante da globalização, sejam atenuados através da construção de espaços de negociação e diálogo entre as diversas identidades culturais.

Ao mesmo tempo em que se confere relevo ao acesso do leitor infantil às obras identitárias que celebram os valores, os códigos e as práticas socioculturais das comunidades, com vistas à formação da subjetividade, da autoimagem e do sentimento de pertencimento étnico da criança, em resposta ao racismo e à sua exclusão por grupos historicamente dominantes, postula-se a formação dos sujeitos a partir da compreensão de que as identidades culturais não são fixas, fechadas, mas resultam de cruzamentos culturais.

Nesse horizonte, ressalta-se a importância da formação de professores ancorada em aportes teóricos e estratégias metodológicas que possibilitem uma abordagem intercultural dos livros infantis, de modo a desenvolver uma atitude crítica por parte dos mediadores de leitura e do público infantil, em relação às formas de poder e dominação que geram tensões e conflitos entre os segmentos populacionais, e a percepção, no âmbito literário, dos pontos de aproximação que tornam possível a comunicação entre as diferentes culturas.

A perspectiva intercultural na abordagem da literatura infantil insere-se em um campo discursivo e reflexivo muito alargado, que envolve o debate sobre a luta dos povos indígenas pela legalização de territórios; as políticas e os movimentos étnicos e raciais; a imigração e a movimentação em massa de refugiados; a defesa de uma democracia participativa; o enfrentamento do capitalismo especulativo, do poder midiático e das formas homogeneizantes da globalização; a tirania dos mercados; os conflitos civilizacionais; a violência, particularmente contra a criança; a intolerância religiosa e racial; a preservação ambiental. Participa, portanto, do projeto utópico, de amplitude internacional, de construção de uma nova ordem global, norteada pelo reconhecimento do direito à pluralidade e à diversidade cultural.

Referências

AZEVEDO, F. (2010). (Coord.). *Infância, Memória e Imaginário: ensaios sobre Literatura Infantil e Juvenil*. Braga: CIFPEC, Universidade do Minho.

AZEVEDO, F. (2011). *Poder, desejo, utopia: estudos em Literatura Infantil e Juvenil*. Braga: CIFPEC, Universidade do Minho.

GRAÚNA, G. (2013). *Contrapontos da literatura indígena contemporânea no Brasil*. Belo Horizonte: Mazza Edições.

HALL, S. (2003). *A identidade cultural na pós-modernidade*. Tradução Tomaz Tadeu da Silva, Guacira Lopes Louro. 8. ed. Rio de Janeiro: DP&A.

JECUPÉ, K. W. (2007). *As fabulosas fábulas de Iauaretê*. São Paulo: Petrópolis.

MACEDO, T. (2010). A metamorfose na emergência do Imaginário. Leituras das narrativas Lendas do Mar e Lendas da Terra, de José Jorge Letria. In F. Azevedo. (Coord.), *Infância, Memória e Imaginário: ensaios sobre Literatura Infantil e Juvenil* (pp.85-102). Braga: CIFPEC, Universidade do Minho.

MORGADO, M & PIRES, M. N. (2010). *Educação intercultural e literatura infantil: vivemos em um mundo sem esconderijos.* Lisboa: Edições Colibri.

MUNDURUKU, D. (2013). *Encontros de escritores e artistas indígenas: relatório de atividades.* São Paulo: DM Projetos Especiais.

OLAZIREGI, M. J. (2010). Literatura infantil e ideologia. In F. Azevedo (Coord.). *Infância, Memória e Imaginário: ensaios sobre Literatura Infantil e Juvenil* (pp.131-143). Braga: CIFPEC, Universidade do Minho.

OLIVEIRA, Kiusam de (2009). *Omo-Oba: histórias de princesas.* Ilustrações de Josias Marinho. Belo Horizonte, Minas Gerais: Mazza Edições.

SILVA, M. L. da *et al.* (Orgs.) (2009). *Estudos culturais, educação e alteridade.* Santa Cruz do Sul: Edunisc.

WALTER, R. (2013). Prefácio. In G. Graúna. *Contrapontos da literatura indígena contemporânea no Brasil.* Belo Horizonte: Mazza Edições.

CAPÍTULO 5

De la realidad vegetal a la imaginación en la poesía infantil: *Versos vegetales* (2007) de Antonio Rubio [36]

Moisés Selfa Sastre
Universidad de Lleida, España

Antonio Rubio: el maestro y el poeta. Teresa Novoa: la ilustradora de poemas infantiles

Antonio Rubio (El Puente del Arzobispo, Toledo, 1953) es maestro de escuela y poeta. Como él mismo dice, (Canal Lector, s.f. a), una cosa le llevó a la otra:

> "La forma de entender el mundo de los niños de párvulos, su manera de ver por primera vez las cosas y el hecho de vincularme a sus intereses, a su campo lector, me hizo interesarme desde muy pronto por la escritura, de modo que a veces considero que la literatura, en mi caso, es una continuación de la escuela".

Además, la impresión que le causó su temprana experiencia docente le llevó a elaborar un anecdotario con las cosas que ocurrían durante las clases: "Cada tarde a la salida de la escuela yo seguía trabajando sobre el discurso que los niños habían tenido en la alfombra, mientras hacían juego simbólico o yo les planteaba un tema. Era maravillosa su forma de ver el mundo" (Canal Lector, s.f. a).

Rubio realizó estudios de Magisterio y ejerció la docencia a lo largo de 27 años. Siempre compaginó la labor docente con la creación literaria – narraciones y poesía – que en la actualidad continúa dirigiendo al público infantil y juvenil. Entre sus obras, podemos destacar poemarios infantiles como *Versos Vegetales* (2007), *Almanaque Musical* (2012), *Árbol* (2014), *Zapato* (2014), *Violín* (2014), entre otros títulos, y el libro de cuentos *Tres*

---

[36] Selfa Sastre, M. (2015). De la realidad vegetal a la imaginación en la poesía infantil: *Versos vegetales* (2007) de Antonio Rubio. In F. Azevedo (Coord.), *Literatura Infantil e Imaginário* (pp. 65-80). Braga: Centro de Investigação em Estudos da Criança / Instituto de Educação. ISBN: 978-972-8952-35-8.

cuentos de Urraca (2006). Además, desde muy joven, colabora en diversas revistas y periódicos, *La voz de Talavera, La voz del Tajo, Mundo diario, Cuadernos de Pedagogía, Boletín de Acción Educativa*, en las que muestra sus reflexiones sobre diversas realidades culturales, entre las que se encuentra la literatura para niños y jóvenes.

La poesía centra el interés de Rubio: "entiendo y creo que la poesía es consustancial al niño, y que junto al niño se está más cerca de los orígenes, del ritmo, de la danza, de la eufonía y de la lógica original." (Canal Lector, s.f. b). Además, poesía y desarrollo de los sentidos es un binomio que para Rubio hay que considerar antes de pasar a la lectura propiamente dicha de los textos poéticos: "a un niño el primer contacto con lo literario le llega a través del oído, pero el trasvase lector es muy peliagudo y costoso, tenemos ya educado el oído pero hay que educar el ojo" (Canal Lector, s.f. c).

De ahí la serie poética para niños *De la cuna a la Luna* (Editorial Kalandraka), con cinco títulos publicados (*Cinco, Cocodrilo, Miau, Luna* y *Pajarita de papel*) e ilustrados por Óscar Villán. En estos poemarios, Rubio pretende ligar la poesía al oído, de tal forma que el niño vaya interiorizando un conjunto de sonidos que le permitan más adelante relacionar en su mente con conceptos con un significado determinado: "Estos libros para niños a partir de seis meses pretenden eso, hacer que un niño cuyo oído ya ha sido endulzado pueda domesticar sus ojos siguiendo el proceso lector" (Canal Lector, s.f. c). Para ello, escritor e ilustrador utilizan pictogramas poéticos de gran sencillez y fuerza musical. En estos y en otros libros publicados en Kalandraka (*7 llaves de cuento, Almanaque musical, El pollito de Avellaneda, La mierlita*), Antonio Rubio une su interés por la creación poética y por la recopilación del folclore a través de cuentos populares.

Rubio es autor también, entre otros títulos, de *Tras las letras* (2010), un verdadero abecedario en el que cada letra tiene una historia propia; *Bibichos* (1998), un sencillo poemario animal; y *El murciélago Aurelio* (2005), una serie de rimas que se crean jugando con las vocales. En todos los versos de estas obras, existe la sencilla voluntad de ligar el ritmo y contenido de cada poema al imaginario infantil y todo lo que este representa para el joven lector.

Por su parte, Teresa Novoa (Madrid, 1955) es la ilustradora de *Versos Vegetales* (2007). Estudia en la Escuela Superior de Arquitectura de Madrid. Después de algunos trabajos siempre relacionados con el dibujo, es a partir de 1990 que decide dedicarse en exclusiva a ilustrar libros. Como ella misma afirma: "De pequeña quería ser pianista, pintora, directora de orquesta, matemático, malabarista, cantar como Ella Fitzgerald, payasa de un circo, bailarina moderna y, sobre todo, quería nadar como los delfines que salen a tomar el aire sólo de vez en cuando" (Novoa, 1998: 41). No obstante, desde muy joven centró su vocación vital tal como esta misma autora afirma: "Llevo dibujando desde que tengo memoria, no sé cuándo empecé, pero sí sé que me gusta mucho más dibujar relacionándolo con la literatura" (Novoa, 1998: 41).

Novoa comenzó su carrera ilustrando libros de texto y luego se pasó a la literatura. Su formación académica le ayudó e influyó a la hora de abordar la composición y fijar el ritmo de las imágenes (Novoa, s.f.). Ha dibujado obras de Fernando Pessoa, Fernando Savater, Antonio Ventura, Antonio Rubio, Blanca Álvarez, Juan Farias, Carlo Frabetti, Agustín Fernández Paz, Alfredo Gómez Cerdá, Gabriela Keselman, entre otros autores, y ha trabajado para las principales editoriales escolares y literarias. Sus libros se han publicado, además de España, en Francia, Alemania, México, Argentina, Colombia, Japón, Corea y China, según explica en su blog (http://teresanovoa.blogspot.com.es/).

Las ilustraciones de Teresa Novoa destacan por la intensidad de colores y por la libertad creadora. Siempre atenta al contenido de cada verso, sus dibujos destacan por representar un mundo perfectamente accesible a cada joven lector. En la actualidad, Novoa se dedica, también, a ilustrar en soportes diferentes al libro, en papel o digital, como son los tejidos, y piensa en la posibilidad de plasmar también sus dibujos en cerámica, dentro de un proyecto que ha bautizado *Rikkitikkitavi,* en homenaje a Kipling (Novoa, s.f.).

Versos vegetales (2007): contenido, estructuras poéticas y recursos estilísticos

Versos vegetales (2007) es el título de un poemario infantil en el que Antonio Rubio acerca a los niños la realidad vegetal que después queda transformada en múltiples imágenes pictóricas y sensoriales en la mente del lector. La intención del autor de este libro de poemas queda definida en el prólogo de esta obra:

> "Mientras recuerdo a esta maestra y a este maestro pienso en que quizás se deba a ellos este afán mío por inventar versos. También yo quiero llenar de versos el aire de las escuelas como ellos lo hicieron. Sé que escribir poesía es un don preciado que persigo" (Rubio, 2007: 11).

Y más adelante añade:

"Persigo encontrar aquellos sones que me regalaron, aquellos primeros ojos de asombro para mirar las cosas, y aquellos oídos atentos al ritmo y a la rima que solo tiene un niño [...] Escribir poesía para niños y niñas me procura momentos de gozo y tensiones de orfebre de palabras, me regresa a edenes inmemoriables" (Rubio, 2007: 11-12).

He aquí definida la intención de Rubio y del sentido poético de sus *Versos Vegetales* (2007).

Este libro de poemas se divide en 7 partes: canciones, cuentos, posadas, recetas y consejos, adivinanzas, juegos y mínimas. Cada uno de los poemas que conforma cada una de estas partes responde realmente al enunciado de estas, es decir, el poeta se muestra sencillamente a su público lector presentándole un universos poético que responde al continente y contenido del mundo vegetal que quiere mostrar. Así, en las canciones, aparecen poemas que son auténticas composiciones musicales:

LAS ESTACIONES DE LA HOJA

Primavera,
Hoja primera,
hojita volatimera.

Verano,
besa la hoja la mano
al fruto temprano.

Otoño,
vals de la hoja
que el viento arroja.

Invierno,
hojitas de ensueño
eterno.
(Rubio, 2007: 16)

En este sencillo poema, cada estación del año va fluyendo a un ritmo musical basado en la rima consonante. Su memorización y recitación resulta del todo sencilla para el niño.

En los Cuentos, se pretende contar una historia narrativa disfrazada de versos con estructura narrativa:

HISTORIA DE UNA HOJA

Es la historia
de una hoja
que cuando llueve

se moja.

Llueve
y se moja.
Llueve
Y se moja.
Llueve
Y se moja.
¡Cómo se moje otra vez,
se va a convertir en un pez!
(Rubio, 2011: 34)

En las Posadas, la alternancia entre preguntas y respuestas da al poema un ritmo vivo que permite su recitado entre dos personas:

1
-Tras, tras.
-¿Quién ha venido?
-La espiga de trigo.
-¿Quién la manda?
-La flor de lavanda.
-¿Dónde vive?
-Al pie del aljibe.
-¿Qué quiere?
-Saber quien muele.
-¿Para qué?
-Para decirle a usté
que mis trece granitos
no se van a moler.
(Rubio, 2011: 47).

También encontramos poemas que son auténticas Recetas y Consejos:

CAJITAS DE FRUTALES
Para guardar
el bigote de un ratón,
la cáscara de un piñón.
(Rubio, 2011: 53)

Y, siguiendo los ritmos de la poesía popular española, encontramos poemas que son verdaderos acertijos:

>   2
> Es una letra
> que viaja en tren
> y está en el tres.
>
> Y es una planta
> para beber.
>
> Se parece a un martí...
> de carpinté...
>
> ¿Te la digo
> de una vez?
> (Rubio, 2011: 67).

Rubio también presenta en este poemario composiciones a modo de juego poético. Su contenido está basado en los principios elementales del juego que el niño conoce perfectamente:

> DEL UNO AL CINCO
> A la una,
> el hueso de la aceituna.
>
> A las dos,
> las hojitas de la col.
>
> A las tres,
> las agujas del ciprés.
>
> A las cuatro,
> pie de gato.
>
> A las cinco,
> las flores de mi Jacinto.
>
> Salto
> y brinco.
> (Rubio, 2007: 82).

Por último, aquellos poemas que Rubio recoge en un último capítulo de *Mínimas* que no dejan de ser sencillos pensamientos sobre la realidad vegetal que contempla el poeta:

PENSAMIENTO BREVE
Entre las flores,
los pensamientos
son de colores.
(Rubio, 2007: 95).

Las estructuras poéticas que Antonio Rubio utiliza en *Versos Vegetales* (2011) (VV.AA., 2011: 3-4) están inspiradas en la poesía popular que, desde antaño, permite la memorización y recitación de unos versos en los que predomina tanto la rima consonante como la asonante. Así, encontramos poemas en los que la estructura verso-onomatopeya otorga a cada palabra un ritmo sonoro característico:

FLORITURA MUSICAL
DO DO RE
Acércate.

RE RE MI
Hasta aquí.

MI MI FA
Dámela.
[...]
(Rubio, 2011: 27)

También encontramos aquellos en los que verso y estribillo forman una unidad que facilitan el canto en voz alta del poema:

BAILE DE LAS ACEITUNAS
Aceitunas verdes
como la hierba,
el que no tenga un bosque
que no se pierda.

Las aceituna, madre,
son de Jaén.

Aceitunas verdes
como la hierba,
el que quiera mojarse
busque tormenta.

Las aceituna, madre,
son de Jaén. (Rubio, 2011: 21)

La estructura binaria de pregunta-respuesta permite el recitado del texto por parte de dos lectores a modo de diálogo:

3
-Tan, tan.
-¿Quién es?
-El ciprés.
-¿Qué quiere usted?
-Leer.
-¿El qué?
-El ABC
(Rubio, 2011: 49)

Los poemas encadenados permiten trabajar las enumeraciones a modo de ecolalias y reduplicaciones fonéticas:

[…]
es su nombre y vive en vilo,
hilo
para zurzir terciopelo,
pelo
con coleta bien peinada,
nada
[…]
(Rubio, 2011: 90)

La estructura verso-ecos ayuda a recordar palabras que permiten el enlace con nuevos versos y nuevos conceptos:

SUMA DE ECOS
Del fondo de una granada,
hada,
que también era princesa,
esa
que desayuna manzana,
Ana
es su nombre y vive en vilo,
hilo
[…]
(Rubio, 2011: 90)

Por último, el pareado, sencilla estrofa de dos versos con una fuerte carga sonora y que permiten al niño conocer la estructura más sencilla y repetida de la poesía popular:

>CALENDARIO DE SAN SEBASTIÁN
>En Enero, Sebastián,
>flor de almendro, dulce pan.
>(Rubio, 2011: 88)

En cuanto a los recursos poéticos (VV.AA., 2011: 5-6), como las estructuras poéticas antes comentadas, son los propios de la poesía popular. Además de las onomatopeyas y ecos antes comentados, encontramos en *Versos Vegetales* (2011) recursos literarios de tipo fonético como la aliteración, figura próxima a los trabalenguas:

>ADORNOS VEGETALES
>Pomelo
>para tu pelo.
>
>Regaliz
>en tu nariz.
>
>(Rubio, 2011)

De tipo fonético también es la anáfora,

>Estos árboles tienen
>un sitio en el suelo
>definido.
>
>Los toco…
>Los huelo…
>Los oigo…
>Los miro…
>(Rubio, 2011: 76)

como también lo es la apóstrofe que pretende interpelar sonoramente al lector:

>CAMBALACHES
>¡Lunares a dos reales!
>¡Lunares a dos reales!

> Cambio una dulce manzana
> por azúcar de La Habana.
>
> ¡Lunares a dos reales!
> (Rubio, 2011: 78)

En segundo lugar, podemos hablar de recursos literarios de tipo conceptual y que interpelan el pensamiento del niño lector. Uno de los más básicos y sencillos es la comparación que, a modo de símil, permite establecer analogías entre realidades diversas:

> Aceitunas verdes
> como la hierba
> el que estrene camisa
> que no la pierda
> (Rubio, 2011: 21)

También la analogía pura que nos acerca al cómo son las cosas:

> NOMEOLVIDES
> Cuando se marcha
> tu amigo,
> le despides.
>
> Y al terminar
> este libro,
> te regalo,
> un nomeolvides
> (Rubio, 2011: 99)

Por último, el uso de diminutivos que facilita al niño representar en su mente cómo son las cosas:

> LAS ACEITUNITAS
> [..]
> Las aceitunitas, madre,
> Son de Jaén.
> Mi camisa bordada,
> de Santander
> (Rubio, 2011: 21)

De la realidad vegetal a la imaginación en *Versos vegetales* (2007): algunos ejemplos significativos

La poesía infantil presenta dos caminos de aproximación para el joven lector: el intelectual y el lúdico (Cervera, 1990: 119). Ambos caminos se complementan y retroalimentan mútuamente. La poesía infantil es para conocer y para gozar.

Desde este punto de vista, *Versos vegetales* (2007) es un poemario en el que el niño puede, por una parte, conocer cómo es el mundo vegetal y, por otra, imaginarlo y jugar con él. Aparecen flores que caminan y que sirven de atadura de zapatos, flores que son pendientes de la luna, hojas que se transforman en animales, frutos que sirven de cajitas de recuerdos y, por encima de todo, el reino vegetal como pozo sin fondo para imaginar cualquier realidad que haga reir al niño y sentirse bien con él. Este es el gran propósito de Rubio con sus *Versos Vegetales* (2007): acercar las plantas, flores, árboles y frutos del campo al joven lector para que este pueda jugar con él e imaginarlo al son de unas rimas que le son fáciles de leer y recordar.

Algunos ejemplos de lo dicho ilustran hasta qué punto realidad e imaginación forman un sólido binominio en el poemario que estamos comentando.

En la canción *Nana del pino picea*, Rubio da a conocer al lector qué es la *picea* (árbol de Navidad) y para ello lo califica como verde en invierno y primavera (por tanto, de hoja perenne), y en el que unos pájaros, verdes como la mente, duermen y sueñan. Se muestra, pues, una realidad vegetal que el lector puede representar en su mente de un modo muy particular:

NANA DEL PINO PICEA
Ea, ea,
la danza de la picea.

Verde en invierno
y en primavera.
Verde y esbelta,
Ea, ea.

Páfaros duermen,
pájaros sueñan,

pájaros verdes,
pájaros menta.
(Rubio, 2011: 22).

En la poesía-cuento *Historia de una hoja* nos habla de una hoja que al mojarse se convierte en pez, pero

ESTA HISTORIA AL REVÉS

...Pero el pez,
si des-llueve,
se des-moja...

Se des-moja...
se des-moja...
se des-moja...

¡Y otra vez
vuelve a ser hoja!
(Rubio, 2011: 35)

El camino de ida y vuelta de la hoja hasta ser pez y de nuevo hoja favorece la imaginación de este tránsito que para el joven lector es nuevo.

En el poema 1 de las Posadas, Rubio favorece el diálogo entre un fruto del campo (el trigo) y una flor (la lavanda):

1

-Tras, tras.
-¿Quién ha venido?
-La espiga de trigo.
-¿Quién la manda?
-La flor de lavanda.
-¿Dónde vive?
-Al pie del aljibe.
-¿Qué quiere?
-Saber quien muele.
-¿Para qué?
-Para decirle a usté
que mis trece granitos
no se van a moler.
(Rubio, 2011: 47).

Así, puede imaginarse el espacio del molino el espacio del molino y el aljibe en el que vive la lavanda.

El poema *Cajitas de frutales*, de recetas y consejos, muestra algunas de las utilidades que pueden tener las cáscaras de algunos frutos del campo. Las cáscaras son, pues, instrumentos útiles para guardar objetos diversos:

>CAJITAS FRUTALES
>Para guardar
>el bigote de un ratón,
>la cáscara de un piñón.
>
>Para guardar
>las burbujitas de un pez,
>la cáscara
>de una nuez.
>
>Para guardar
>todas las horas del día,
>la cáscara
>de sandía.
>
>Para guardar
>de todo un poco,
>una cáscara
>de coco.
>(Rubio, 2011: 53).

El poema número 3 de las Adivinanzas exige al joven lector exprimir su mente para poder imaginar y dar solución al juego de palabras del poema:

>3
>Es la reina
>de las frutas
>y va siempre coronada
>con una corona verde
>sobre su cáscara grana.
>(Rubio, 2011: 68).

La ilustración que Teresa Mora propone de este poema ayuda a descifrar la solución: el fruto de la granada presenta en su parte alta una pequeña corona como la que hay dibujada junto al poema de Rubio.

El *Abeflorario* de los Juegos es un aténtico abecedario del mundo vegetal. Cada letra da nombre a una flor que tiene una razón de ser específica. Esta razón de ser, a través de la metáfora, favorece el conocimiento del mundo vegetal:

>ABEFLORARIO
>Alhelí, Bambú, Clavel
>así empieza el abecé.
>
>Dalia y Espino,
>flores que adornan el camino.
>
>Fresa y Geranio,
>flores de mesa y verano.
>(Rubio, 2011: 86).

Por último, en las Mimias, el poema *Pensamiento breve*, de carácter sinestésico, las flores son el camino entre los pensamientos humanos y cómo pueden estos pensamientos ser imaginados de colores:

>PENSAMIENTO BREVE
>Entre las flores,
>los pensamientos
>son de colores.
>(Rubio, 2011: 95).

Conclusiones

Versos vegetales (2011), de Antonio Rubio, es un libro de poemas infantiles en el que el reino vegetal es mostrado en toda su plenitud al son de unas sencillas rimas inspiradas en las del cancionero popular. De este modo, Rubio pretende acercar al lector inicial y medio al maravilloso mundo de la poesía que permite, por un lado, conocer el lenguaje, y por otro, jugar con él.

Desde este punto de vista, cada poema, ilustrado magistralmente por Teresa Novoa, permite al lector imaginar en su imaginario el mundo vegetal representado con la finalidad de poder conocerlo mejor y más a fondo. Esta es la experiencia de maestro de Rubio: "El maestro y la maestra invitan a los niños a leer poemas. Enseñan a los niños a decir poemas. Y se sirven de la recitación en numerosas (no en contadas y puntuales) ocasiones. Se lee poesía a diario, como a diario se bebe agua" (Canal Lector, s.f. b).

Para finalizar, poesía, conocimiento y juego forman un trinomio que favorecen en los más pequeños el acercamiento al mundo de la literatura y a que, en definitiva, se vaya consolidando una buena competencia literaria necesaria para conocer otros textos literarios. Como dice el mismo Rubio refiriéndose a la poesía para niños,

> "el libro de poemas es un compañero inseparable. El maestro y la maestra llevan siempre algún libro entre sus manos. Y no del modo en que se lleva una bolsa de la compra, sino de la manera en que se lleva un objeto preciado" (Canal Lector, sf. B).

Esta es la razón de ser y el sentido primero de *Versos Vegetales* (2011).

Referencias

Canal Lector (s.f. a). Antonio Rubio, maestro y poeta. [En línea] [Consultado el 01.09.2015] Disponible en http://www.canallector.com/docs/637/Antonio-Rubio-Escuela-y-poesia#sthash.LW3Src56.dpuf

Canal Lector (s.f. b). Rubio Herrero, Antonio. [En línea] [Consultado el 01.09.2015] Disponible en http://canallector.com/autores2.php?id=887&tp=1&key=R#sthash.xQ2Wn9Ih.dpuf

Canal Lector (s.f. c). Antonio Rubio: Escuela y poesía. [En línea] [Consultado el 01.09.2015] Disponible en http://www.canallector.com/docs/637/Antonio-Rubio-Escuela-y-poesia

Canal Lector (s.f. d). Teresa Novoa, siempre dibujando. [En línea] [Consultado el 01.09.2015] Disponible en http://www.canallector.com/docs/931/Teresa-Novoa-Siempre-dibujando#sthash.9KIkmZKd.dpuf

CANTARELA, R. & SILVA, A. (2010). *Fahrenheit 451*: o vazio da memória num mundo sem livros, *Uniletras*, 32 (1), 137-153.

CERVERA, J. (1990). Aproximación a la poesía lúdica infantil. In P. Cerrillo y J. García Padrino (Ed.), *Poesía infantil: teoría, crítica e investigación* (pp. 119-144). Cuenca: Ediciones del CEPLI.

NOVOA, T. (1998). Teresa Novoa, *Cuadernos de literatura infantil y juvenil*, 105, 41.

RUBIO, A. (2011). *Versos Vegetales*. Madrid: Anaya.

VV.AA. (2011). *Versos Vegetales*. [En línea]. [Consultado el 02.09.2015] Disponible en http://www.anayainfantilyjuvenil.es/catalogos/proyectos_lectura/IJ00084801_1.pdf

CAPÍTULO 6

O livro de imagem no Brasil no contexto do Programa Nacional Biblioteca da Escola (PNBE) [37]

Eliane Debus
Universidade Federal de Santa Catarina, Brasil
Maria Laura Pozzobon Spengler
Doutoranda PPGE/UFSC, Brasil

O PNBE como política pública de leitura e o livro de imagem

O poeta Castro Alves ([1970?]: 220) em seu poema "O livro e a América", canta a valorização do saber rendendo votos de felicitação aquele que por ventura faz do livro a sua forma de apreensão e que os disponibiliza: "Oh! Bendito o que semeia / Livros... livros à mão cheia / e manda o povo pensar! / O livro caindo n'alma / É germe – que faz a palma, / é chuva – que faz o mar!". Dentro do contexto brasileiro, talvez o desejo do poeta, alçado em palavras no século XIX, pareça ter seu gérmen nas últimas décadas do século XX por meio do Programa Nacional Biblioteca da Escola (PNBE).

O PNBE teve início no Brasil em 28 de abril de 1997, por meio da Portaria Ministerial nº 584 (Brasil, 1987), promovendo, desde então, a leitura e a difusão do conhecimento por meio de livro junto à comunidade escolar, distribuindo títulos literários e obras de referência para todas as escolas públicas de Educação Básica do país (Fernandes, 2007). Um dos principais objetivos desse Programa é o de democratizar o acesso ao objeto livro, possibilitando o maior contato dos alunos com a literatura no âmbito escolar, oferecendo também outros materiais de pesquisa e de referência aos professores. O programa seleciona, adquire e promove a

---

[37] Debus, E. & Spengler, M. L. P. (2015). O livro de imagem no Brasil no contexto do Programa Nacional Biblioteca da Escola (PNBE). In F. Azevedo (Coord.), *Literatura Infantil e Imaginário* (pp. 81-97). Braga: Centro de Investigação em Estudos da Criança / Instituto de Educação. ISBN: 978-972-8952-35-8.

distribuição de obras literárias compondo os acervos das escolas, constituindo-se em uma política pública de leitura e como tal recebe recursos do Fundo Nacional de Desenvolvimento da Educação (FNDE), em parceria com a Secretaria de Educação Básica do Ministério da Educação (SEB/MEC).

Durante os dezoito anos de existência o PNBE atuou em diferentes frentes e ações, do acervo das bibliotecas das escolas à composição do acervo individual dos estudantes (Projeto Literatura em Minha Casa), sendo a política pública de leitura de maior duração até o presente momento, passando por quatro gestões governamentais. Desde 2005 a seleção do acervo é feita por uma equipe coordenada pelo Centro de Alfabetização, Leitura e Escrita (CEALE) da Universidade Federal de Minas Gerais (UFMG).

O processo de seleção dos livros literários enviados às escolas, segundo Aparecida Paiva (2012: 15), é pautados em três critérios:

> "A *qualidade textual*, que se revela nos aspectos éticos, estéticos e literários, na estruturação narrativa, poética ou imagética, numa escolha vocabular, que não só respeite, mas também amplie o repertório linguístico dos leitores da faixa etária correspondente a cada uma das edições do programa; *qualidade temática*, que se manifesta na diversidade e adequação dos temas, e no atendimento aos interesses dos leitores, aos diferentes contextos sociais e culturais em que vivem e ao nível dos conhecimentos prévios que possuem; *qualidade gráfica* que se traduz na excelência de um projeto gráfico capaz de motivar e enriquecer a interação do leitor com o livro e na qualidade estética das ilustrações; e articulação entre texto e ilustrações e o uso dos recursos gráficos adequados aos leitores."

Os acervos são compostos por diferentes gêneros literários, divididos em quatro categorias: textos em verso (poemas, quadras, parlendas, cantigas, trava-língua, adivinhas); texto em Prosa (pequenas histórias; novelas; contos; crônicas; textos de dramaturgia; memórias; biografias); livros de imagens e livros de histórias em quadrinhos (dentre os quais se incluem obras clássicas da literatura universal, artisticamente adaptadas ao público da Educação Básica). No entanto, como destaca Paiva (2012), para além do processo de seleção, aquisição e distribuição das obras literárias, também se pense e se desenvolva uma política de avaliação das mesmas, e, cabe aqui dizer, de verificar o real uso desse acervo por parte do professor e dos estudantes, bem como "na formação do leitor-professor, para que ele esteja em condições de exercer uma boa mediação de leitura" (Ramos, 2013: 46).

Algumas pesquisas têm apontado para a campanha exitosa de formação do acervo, por outro lado incidem na confirmação do pouco uso desse material. A dissertação *Mediação de leitura literária: o Programa Nacional Biblioteca da Escola (PNBE)/2008*, de Morgana Kich (2011), apresenta uma discussão de práticas de mediação de leitura em algumas obras distribuídas pelo PNBE do ano de 2008 para as séries iniciais do Ensino Fundamental. Para isso, fez um acompanhamento das obras no contexto escolar do município de Caxias do Sul, investigando principalmente nos espaços das bibliotecas escolares. A pesquisa evidencia o despreparo dos profissionais, sobretudo dos docentes em relação à mediação das obras enviadas pelo PNBE, apontando a necessidade de se repensar o papel da biblioteca escolar na formação do leitor literário. Por certo, vale a pena a problematização do uso desses livros.

Ao longo de sua existência o Programa teve avanços bastante significativos em relação à sua abrangência e, principalmente, quanto aos seus critérios de seleção e avaliação das obras. Ressaltando-se a importância do acesso ao livro, de oferecer acervos com diferentes tipos de leitura, de adequação das obras às faixas etárias, embora entendamos que nem sempre é possível enquadrar o leitor em classificações rígidas, e aos interesses dos alunos.

Dos títulos incluídos no acervo do PNBE encontramos os livros de imagem, que são livros literários cuja história é composta apenas por imagens narrativas. Estes livros, embora em número menor, fazem parte dos acervos de toda a Educação Básica e, por isso, se faz importante quando refletimos sobre o letramento literário pensar no valor desse gênero para a formação leitora em diferentes níveis de ensino. Desse modo, procuramos apresentar, neste texto, a leitura de um exemplar de livro de imagem de cada um dos níveis de ensino da Educação Básica: na Educação Infantil o livro *Ida e Volta*, de Juarez Machado (2001); nos Anos Iniciais do Ensino Fundamental *Cena de rua*, de Ângela Lago (1994); nos Anos Finais do Ensino Fundamental *A toalha vermelha*, de Fernando Vilela

(2007); no Ensino Médio *A chegada*, de Shaun Tan (2011); e na Educação de Jovens e Adultos *Árvore do Brasil*, de Nelson Cruz (2009).

O que um livro "só" de imagem tem para contar?

O livro de imagem é um gênero ainda recente no mercado editorial brasileiro, se levarmos em conta que o primeiro título data de 1976, quando Juarez Machado (2011) publica *Ida e volta,* circunscrito à margem dos demais livros de recepção infantil, ora porque a produção se dá em menor quantidade, ora a intencionalidade, sempre presente nas práticas com o livro literário na escola, muitas vezes não se anuncia explicitamente. Os livros de imagem têm como característica principal a história narrada somente pelas ilustrações, "narrativa de imagens sem palavras" (Nikolajeva; Scott, 2011: 27).

O escritor e estudioso de literatura infantil Luis Camargo foi pioneiro no Brasil em destacar a importância do livro de imagem, quando, em 1995, lançou o livro *Ilustração do Livro Infantil*, dedicando um capítulo sobre esse tipo de publicação, cunhando a denominação "livro de imagem", que é usada até hoje por outros estudiosos que também se debruçam na pesquisa sobre essa produção. O autor afirma que "Livros de imagem são livros sem texto. As imagens é que contam a história" (Camargo, 1995: 70). E ainda destaca:

> "O livro de imagem não é um mero livrinho para crianças que não sabem ler. Segundo a experiência de cada um e das perguntas que cada leitor faz às imagens, ele pode se tornar o ponto de partida de muitas leituras, que podem significar um alargamento do campo de consciência: de nós mesmos, de nosso meio, de nossa cultura e do entrelaçamento da nossa com outras culturas, no tempo e no espaço." (Camargo, 1995: 79).

O estudioso, ao evidenciar o caráter plurissignificativo dessa produção, desmascara a ideia de "livrinho" que, na maioria das vezes, a produção para crianças é nominada, não como afetividade, mas algo menorizado. O livro de imagem convoca o leitor para uma mirada que exige complexas estratégias leitoras, e por vezes não se adequa à criança pequena, isto é, o livro de imagem não é só "para as crianças que não sabem ler" ou para exercícios de refacção textual.

Nelly Novaes Coelho (2000: 161) apresenta essa produção como sendo "livros que contam histórias através da linguagem visual, de imagens que falam". E destaca ainda que o livro de imagem é uma excelente estratégia para o reconhecimento do mundo que cerca a criança.

Conhecida escritora e ilustradora de livros para a infância, Eva Furnari (2003) nomeia esta linha narrativa como *Livro Só-Imagem* e afirma que nesses livros o desenho conta toda a história sem que a palavra escrita entre em "jogo". A autora complementa que o livro de imagem traz autonomia ao leitor criança, visto que "A criança não necessitaria das explicações do adulto para fruir a história; e, o que é mais interessante, por meio de uma linguagem que lhe é extremamente familiar, haja vista quanto o desenho é importante na atividade da criança" (Furnari, 2003: 65). Ela ainda que acredita que os livros de imagem devem, antes de tudo, estimular a criatividade e a imaginação dos leitores e que as ilustrações não devem reproduzir estereótipos, mas, principalmente, devem destacar-se pela criatividade na linguagem e na estrutura.

Fanny Abramovich (1997), em seu livro *Literatura Infantil: gostosuras e bobices*, descreve o livro de imagem como rico material de possibilidades narrativas que apresentam características que os tornam únicos, como as cores, os traços e as técnicas que fazem com que as histórias apresentem um movimento singular, instigando a inteligência e fantasia dos leitores. A autora acredita que o autor tem papel primordial da criação das narrativas para usar a imagem de maneira inteligente e "cutucante". Para ela, o livro de imagens tem papel fundamental na criação oral das histórias, como forma de ampliação de repertório, para leitores de todas as idades: "Esses livros (feitos para crianças pequenas, mas que podem encantar aos de qualquer idade) são sobretudo experiências de olhar... De um olhar múltiplo, pois se vê com os olhos do autor e do olhador/leitor, ambos enxergando o mundo e as personagens de modo diferente, conforme percebem esse mundo..." (Abramovich, 1997: 33).

Para Regina Zilberman (2005), o livro de imagens se destaca por convidar o leitor a transformar a narrativa em palavras, nessa produção a imagem substitui a linguagem verbal, mas que isso não o descaracteriza como gênero literário, já que apresenta todos os elementos que são próprios da literatura: a narrativa, personagens e enredo.

Assim como as autoras aqui destacadas, concordamos que os livros de imagens possibilitam um modo diferente de conceber a leitura, pois transformam os modos habituais de leitura, podem gerar muitas interpretações imprevistas, promovendo acesso à percepções que, provocadas pela alinearidade da leitura, reconfiguram novos modos de pensar o mundo visualmente.

Desse modo, acreditamos, como a autora Graça Lima (2009: 73), na importância de pensarmos no alfabetismo visual como um "sistema básico de aprendizagem, identificação, criação e compreensão de mensagens visuais", um caminho para ampliar a experiência visual dos leitores. A autora enfatiza que mediadores de leitura, na escola e fora dela, devem compreender que a leitura dos signos visuais presentes nos livros e imagem é aliada para a ampliação cultural, já que "a inteligência visual aumenta o efeito da inteligência humana e amplia o espírito criativo" (Lima, 2009: 76).

Sabemos que a primeira leitura realizada pela criança é a leitura do mundo que a cerca. O pesquisador Paulo Freire (1992: 11) já destacou isso na palestra de abertura do 3º Congresso Brasileiro de Leitura (COLE), realizado em Campinas – posteriormente publicada em livro –, quando afirmou que "A leitura do mundo precede sempre a leitura da palavra e a leitura desta implica a continuidade da leitura daquele". As nuvens desenhadas no quadro azulado do céu, as cascas das árvores e as cores dos frutos, imagens lidas pelo menino Freire, compõem o repertório de imagens das crianças e são lidas por elas desde muito cedo.

Por outro lado, a leitura das imagens diferencia-se da leitura das letras por não se apresentar de maneira fixa e linear, não se organiza a partir de critérios pré-delimitados, possibilitando que todo leitor encontre, dentro de seu repertório, a melhor maneira de construir significado a partir do que lê e observa. Exposto dessa maneira, o meio de comunicação visual "é o único que não dispõe de um conjunto de normas e preceitos, de metodologia e de nem um único sistema com critérios definidos, tanto para a expressão quanto para o entendimento dos métodos visuais [...]" (Dondis, 2004: 18).

Os modos de ler mudaram e a literatura, acompanhando esse processo, ampliou seu campo de possibilidades, de tal forma que a leitura, também literária, não é somente o ato decifratório das letras, mas se materializa também nas "relações entre palavra e imagem, entre texto, a foto e a legenda, entre o tamanho dos tipos gráficos e o desenho da página, entre os textos e a diagramação" (Santaella, 2012: 13).

Assim posto, o ato de ler textos escritos não pode mais ser concebido como única possibilidade de leitura, muito além das letras, o leitor precisa compreender a leitura das imagens, de tal forma que se faz necessário uma educação do olhar, no qual saber ler as imagens "Significa adquirir os conhecimentos correspondentes e desenvolver a sensibilidade necessária para saber como as imagens se apresentam, como indicam o que querem indicar, qual é o seu contexto de referência, como as imagens significam, como elas pensam, quais são seus modos específicos de representar a realidade" (Santaella, 2012: 13).

A imagem nos livros de literatura de potencial recepção infantil e juvenil, pela ilustração ou pelas imagens narrativas que os compõem, encontra-se nesse turbilhão de novos modos de ler. Ler não é mais uma simples decodificação de símbolos verbais, ler é perceber, e ler imagens é um dos caminhos para compreender o mundo.

Sendo assim, selecionamos para este texto cinco títulos de livros de imagem e apresentamos a leitura de cada um deles. Os livros escolhidos fazem parte do acervo do PNBE para cada um dos níveis de ensino da Educação Básica, e de tal maneira estão presentes nas bibliotecas escolares das instituições de todo o país. Conhecer tais títulos possibilita aos pesquisadores e professores a ampliação do repertório de leituras literária e a realização de proposições de leituras.

Iniciamos com o livro *Ida e Volta*, de Juarez Machado (2001), que faz parte dos acervos de 2008 e 2014 destinados aos leitores da Educação Infantil. Ganhou em 1982 o prêmio de melhor livro de imagem pela Fundação do Livro Infantil e Juvenil (FNLIJ).

Figura 1: Capa do livro *Ida e Volta*, de Juarez Machado (2001) (acervo particular das pesquisadoras)

O enredo da narrativa se dá pelo mistério provocado pela ausência física da personagem principal que é vista pelo leitor somente através de suas pegadas. A personagem percorre lugares inusitados e o leitor acompanha pelas pegadas o seu itinerário. A cena inicia na própria capa quando as pegadas se posicionam indicando a saída de um chuveiro e indo em direção a um guarda roupa, repleto de figurinos e acessórios excêntricos, e, entre eles, um único cabide vazio. A variedade de objetos, cores e disposição aguça a capacidade interpretativa do leitor, lançando pistas sobre a personalidade da personagem. O leitor, de imediato, é convidado a se desacomodar das suas expectativas prévias e a se lançar ao inesperado.

A personagem, seguindo seu percurso, passa, então, pela sala de jantar, dança ao som de um gramofone e se retira do ambiente interno da casa. Na rua encontra outras pessoas, entrega flores a uma senhora, é acompanhada por pequenas pegadas de um animal, depois por outras pegadas minúsculas que mais tarde serão reconhecidas como sendo de um personagem de um circo caminhando em pernas de pau. A personagem joga futebol até que encontra uma loja de bicicletas e sai de lá pedalando. Um pequeno acidente acontece, e, quando o leitor acredita chegar o momento de encontrar a tão misteriosa personagem, as pegadas retornam ao chuveiro que deu início à jornada.

A narrativa de *Ida e Volta* (Machado, 2001) possibilita uma infinidade de interpretações, pois durante todo o tempo apresenta ao leitor indícios que serão desvendados somente no decorrer das imagens seguintes, como em um jogo detetivesco, desse modo, as suposições e descoberta da personagem misteriosa instigam a curiosidade não só dos pequenos leitores, mas de leitores de todas as idades.

O livro *Cena de Rua*, de Angela Lago (1994), pertence ao acervo do PNBE de 2005 e 2014 para os Anos Iniciais do Ensino Fundamental, também foi premiado como melhor livro de imagem pela FNLIJ no ano de 1995 (publicação 1994). A narrativa tem como protagonista um menino que vive na rua, e nesta mesma rua-lar produz seu sustento vendendo frutas na parada do semáforo, entre carros e personagens adultos. De forma circular e não linear, as imagens são compostas por cores complementares (verde, vermelho e amarelo) em um fundo preto contrastante. A autora escolheu as cores amarelo, vermelho e verde para travar o diálogo da vida do menino com os semáforos que organizam o trânsito nas grades cidades. O semáforo, assim como as cores são mundialmente conhecidos, possibilitando que a leitura das imagens possa ser realizada em qualquer lugar do mundo.

O semáforo controla a circulação do menino entre os carros que o aprisionam no espaço, mesmo que livre da rua. São imagens marcantes que se assemelham às pinturas expressionistas. A técnica visual criada pela autora com traços fortes e cores vibrantes produz grande tensão na história, a personagem criança vista como perigosa, é acolhida com ressalvas pelos condutores dos veículos, alguns escondem seus pertences, num gesto de temor marcado pela expressividade nas faces maquiavélicas. Por outro lado, o menino tem uma função dupla de opressor e oprimido.

Figura 2: Capa do livro Cena de Rua, de Angela Lago (1994) (acervo particular das pesquisadoras)

A última cena do livro retoma a primeira, a história do pequeno menino se repete cotidianamente, e a figura quase mítica do menino de rua, que agora se configura nas mesmas cores dos automóveis que o circundam, volta a ser mais um objeto de uma cena cotidiana. As imagens da narrativa, como um todo, mostram a exclusão, o preconceito, a violência e a miséria. O menino tem a cor verde, que simbolicamente pode significar um menino verde de fome, ou ainda verde de esperança. A última imagem que se repete possibilita ao leitor a reflexão sobre o processo de repetição que alimenta a violência, a criminalidade e a fome, bem com o círculo vicioso do preconceito que não se finda.

A narrativa imagética de Angela Lago (1994) possibilita a construção de uma relação de solidariedade entre o leitor e a personagem, configurando assim a fruição estética que a leitura dessas imagens proporcionam.

A Toalha Vermelha, de Fernando Vilela (2007), pertence ao acervo para os Anos Finais do Ensino Fundamental do ano de 2011, recebeu o Selo Altamente Recomendável da FNLIJ. A composição das imagens desse livro narram uma viagem, de uma toalha vermelha pelo oceano, entre o Brasil e a China. Instigando a percepção, o leitor é convidado a acompanhar visualmente o caminho que o objeto percorre pelas águas do mar profundo. Durante toda a narrativa os olhos do leitor são conduzidos para jogos de aproximação e afastamento.

Neste livro, podemos ver encontros submarinos com criaturas aquáticas, como tubarões, baleia, arraias, golfinhos, peixes espada e tartarugas marinhas, e ainda barcos naufragados e mergulhadores que fazem caça submarina.

Esse título apresenta características que se aproximam do gosto e repertório cultural dos seus leitores adolescentes, pelo uso de técnicas gráficas de cinema, como a aproximação e distanciamento que se assemelham às técnicas de *zoom in* e *zoom out* das imagens em movimento. Esses movimentos iniciam-se nas primeiras páginas, quando o leitor se depara com a imagem do Planeta Terra em meio a escuridão, a perspectiva da imagem é o contorno na América do Sul, e essa imagem se aproxima de tal modo que nas páginas seguintes o leitor encontra a ilha na qual se encontra a jangada e o pescador que carregam a toalha vermelha.

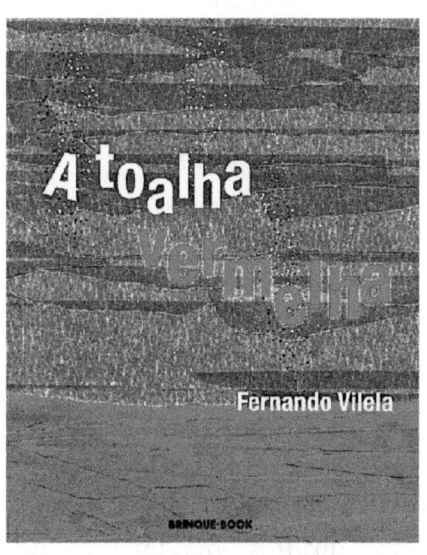

Figura 3: Capa do livro *A tolha Vermelha*, de Fernando Vilela (2007) (acervo particular das pesquisadoras)

Ao final do livro, o movimento se concretiza ao contrário, a imagem de outras ilhas e o afastamento do olhar do leitor para o Planeta Terra agora sob a perspectiva inversa: o "outro lado do mundo", a China, e, por fim, novamente o pequeno planeta em meio a escuridão.

O único livro de um escritor estrangeiro que figura nossa seleção, *A Chegada*, de Shaun Tan (2011), fez parte do acervo do PNBE ano de 2013 para o Ensino Médio, e recebeu o prêmio de melhor livro de imagem pela FNLIJ do ano de 2012 (produção 2011). O enredo dessa narrativa conta a história, de forma bastante simples, de um migrante: um homem que recomeça a vida em um lugar desconhecido, deixando mulher e filha em outra cidade, que é formada por elementos oníricos, característica que reforça a ideia da empreitada do homem ao desconhecido.

Figura 4: Capa do livro *A Chegada*, Shaun Tan (2011) (acervo particular das pesquisadoras)

A narrativa toma como ponto de partida características de histórias em quadrinhos, ora imagens em pequenos quadros, ora imagens que ocupam páginas inteiras com desenhos detalhadamente realistas em cores terrosas que lembram muito filmes antigos. Essas oscilações garantem alteração no ritmo de leitura de cada página, marcando assim a passagem do tempo. O leitor, ao acompanhar a trajetória da personagem, toma conhecimento do cotidiano de outros também novos nesse novo lugar, e tomam conhecimento do choque cultural que acontece em situações de migração, como a narrada por Shaun Tan (2011).

Os paratextos do livro já impactam ao primeiro olhar do leitor, o autor preenche as folhas de rosto, que se repetem no início e no fim com desenhos realistas de pessoas em forma de fotografias de tamanho reduzido para documento, de várias etnias e em tons terrosos que se diferenciam entre si, mostrando assim a imagem como o envelhecimento de fotografias, pessoas de lugares e épocas distintas, que assim como a personagem principal da narrativa contada pelas imagens, encontram-se em lugares de todo o mundo. A capa do livro assemelha-se com uma capa de um álbum de fotografias antigo e desgastado.

O autor explora com intensidade diferentes perspectivas e ângulos nas imagens, bem como o foco em um jogo de luzes, entre o claro e o escuro, além das fortes expressões faciais, que são características cinematográficas e das histórias em quadrinhos que aproximam o leitor jovem da leitura de uma obra como essa, de tal forma que o leitor se coloca em um lugar de cumplicidade com o protagonista da narrativa.

O livro *A árvore do Brasil*, de Nelson Cruz (2009), faz parte do acervo do PNBE para a Educação de Jovens e Adultos no ano de 2010. Sua narrativa imagética conta a formação da sociedade brasileira através da história de uma árvore secular que sobrevive às mudanças arquitetônicas que acontecem em seu entorno durante o passar dos anos.

Figura 5: Capa do livro *A árvore do Brasil*, de Nelson Cruz (2009)

(acervo particular das pesquisadoras)

Uma floresta ocupada por alguns indígenas dá início à narrativa de páginas duplas, muitas árvores, animais e poucos habitantes nus. Surgem então alguns exploradores, que trazem outros novos habitantes e realizam a construção de pequenas habitações, e assim a floresta começa a ser alterada para o surgimento de uma pequena comunidade, composta por casas, padres jesuítas, mercadores e escravos. O movimento das pessoas e a cidade crescendo, pequenas indústrias surgem, igrejas, e ainda mais casas e construções comerciais, soldados armados, a imagem da campanha de Getúlio Vargas, figura política tão importante do século passado, aglomerados de pessoas que seguram uma placa de "greve" (em um dos poucos momentos em que as palavras aparecem na narrativa). Blocos de carnaval, Arlequins e palhaços também figuram uma das imagens do livro, bem como operários de construção que dividem a página com cartazes e *outdoors* e também passeatas de pessoas com cartazes em punho: "Diretas Já".

A cada lance de página virada, o leitor percebe a mudança no ambiente, a floresta densa da primeira imagem vai dando lugar à cidade; apenas uma grande árvore, que ocupa lugar central nas páginas permanece intocada, e por ela percebe-se a passagem do tempo, ora com uma copa frondosa, ora com nenhuma folha verde. A árvore começa a desaparecer atrás de vigas enormes de construção e tijolos.

O autor finaliza a narrativa pelo desenho de uma parede cimentada que toma conta das duas ultimas páginas duplas do livro, e traz como paratexto um índice das ilustrações que compõem a história, com títulos e as datas dos acontecimentos históricos importantes que essas imagens fazem menção.

Os desenhos aquarelados que compõem as imagens do livro remetem o leitor àquelas pinturas documentais realizadas pelos artistas que acompanharam as expedições de ocupação pelo interior do Brasil nos primeiros séculos de nossa história

Os cinco títulos aqui apresentados, embora com temáticas diversas, tem em comum a qualidade estética na sua construção; seus autores-ilustradores utilizam técnicas distintas, que resultam, no entanto, em um fim comum: a ampliação do repertório do leitor nos seus aspectos estéticos, culturais e imagéticos, promovendo um encontro com uma produção cultural de relevante importância.

Das (in)conclusões: porque ainda se tem muito a dizer

Retomamos os versos do poeta, iniciados para abrir este texto, "Oh! Bendito o que semeia / Livros... livros à mão cheia / e manda o povo pensar (Alves, [1970?]: 220), para reafirmar o PNBE como uma das mais efetivas e duradouras política pública de leitura brasileira e a importância de sua existência e permanência para a composição e ampliação do acervo de livros literários e de referências nas escolas públicas.

Os livros de imagem como gênero que compõe o acervo do PNBE, em diferentes níveis de ensino, propicia o contato do estudante-leitor com um gênero ainda pouco trabalhado nos espaços institucionais, embora já circule no mercado editorial desde 1976. Além do mérito de aproximar o leitor de títulos ainda à margem nas práticas pedagógicas, a inserção desse acervo nos diferentes níveis de ensino (Educação Infantil, Ensino Fundamental, Ensino Médio e Educação de Jovens e Adultos) desfaz com a ideia preconcebida de que essa produção tem como destinatário a criança que ainda não domina o código gráfico e coloca-a como possibilidade de vivência estética para todos os leitores, independente da faixa etária ou nível escolar.

A seleção dos cinco títulos aqui analisados, mesmo que de forma breve e em quantidade reduzida, possibilita vislumbrar a qualidade do acervo do PNBE e comprova que, longe de ser uma produção menor, o livro de imagem se constitui como material de leitura relevante e merece atenção por parte dos educadores.

O livro de imagem, como já explicitado no texto, pela sua complexidade e pluralidades de leitura exige do leitor um aprendizado para o que não é reconhecível, muitas vezes, num primeiro olhar. Este aprendizado, no entanto, não se dá solitariamente, ou unicamente entre o leitor e o objeto livro, anuncia-se na cena o mediador. E ele pode se materializar na figura de outras crianças, na troca de saberes entre pares, bem como na figura do adulto (professor, bibliotecário, contador de histórias), que pela sua condição de educador deve estar munido de conhecimentos sobre o livro de imagem e a sua importância para além da produção de texto e sua refacção.

Sem contestação, podemos afirmar que o PNBE tem impulsionado o crescimento de títulos nas bibliotecas das escolas brasileiras. Entretanto, caberia aqui nos perguntarmos: os livros de imagem do acervo do PNBE têm saído das prateleiras das bibliotecas escolares e ocupado um espaço de leitura no cotidiano dos estudantes da Educação Básica? Está já é uma outra história que ainda precisa ser narrada.

Referências

ABRAMOVICH, F. (1997). *Literatura Infantil:* gostosuras e bobices. São Paulo: Scipione.

ALVES, C. [1970?]. *Poetas Românticos Brasileiros*. vol. I. São Paulo: Editora Lumen.

BRASIL (1987). Ministério da Educação e Desporto, de 28 de abril de 1997. *Diário Oficial da União*, Brasília, DF, 29 abr.

CAMARGO, L. (1995). *Ilustração do livro infantil*. Belo Horizonte: Editora Lê.

COELHO, N. N. (2000). *Literatura infantil: teoria, análise, didática*. São Paulo: Moderna.

CRUZ, N. (2009). *A árvore do Brasil*. São Paulo: Peirópolis.

DONDIS, A. D. (2004). *Sintaxe da linguagem visual*. São Paulo: Martins Fontes.

FERNANDES, C. (2007). *Leitura, literatura infanto-juvenil e educação*. Londrina: EDUEL.

FREIRE, P. (1992). *A importância do ato de ler: em três artigos que se completam*. São Paulo: Cortez.

FURNARI, E. (2003). Livro Só-Imagem: Propostas de desenvolvimento de uma linguagem puramente visual. In L. P. Goés, *Olhar de descoberta: proposta analítica de livros que concentram várias linguagens*. São Paulo: Paulinas.

LAGO, A. (1994). *Cena de Rua*. Rio de Janeiro: RHJ.

LIMA, G. (2009). O universo fascinante dos signos visuais. In L. P. Góes & J. Alenkar (Org.), *Alma de imagem: a ilustração de livros para crianças e jovens na palavra de seus criadores*. São Paulo: Paulus.

KICH, M. (2011). *Mediação de leitura literária: o Programa Nacional Biblioteca da Escola (PNBE) / 2008*. 170f. Dissertação (Mestrado em Educação). Universidade de Caxias do Sul, Ponta Grossa. [Em linha] [Consultado em 04.10.2013] Disponível em http://tede.ucs.br/tde_arquivos/7/TDE-2011-09-13T081337Z-514/Publico/Dissertacao%20Morgana%20Kich.pdf

MACHADO, J. (2001). *Ida e Volta*. Rio de Janeiro: Agir.

NIKOLAJEVA, M. & SCOTT, C. (2011). *Livro Ilustrado: palavras e imagens*. Tradução de Cid Knipel. São Paulo: Cosac Naify.

PAIVA, A. (2012). Políticas públicas de leitura: pesquisas em rede. In A. Paiva (Org.), *Literatura fora da caixa: o PNBE na escola - distribuição, circulação e leitura* (pp. 13-37). São Paulo: Editora da Unesp.

SANTAELLA, L. (2012). *Leitura de imagens*. São Paulo: Melhoramentos.

TAN, S. (2011). *A chegada*. São Paulo: Edições SM.

VILELA, F. (2007). *A toalha vermelha*. São Paulo: Brinque-Book.

ZILBERMAN, R. (2005). *Como e por que ler a literatura infantil brasileira*. Rio de Janeiro: Objetiva.

CAPÍTULO 7

Da Terra da Brincadeira e da metamorfose de Pinóquio em asno. As perspetivas de Carlo Collodi e de Paula Rego [38]

Alberto Filipe Araújo
Universidade do Minho
Joaquim Machado de Araújo
Universidade Católica Portuguesa

Introdução

A Terra da Brincadeira representa, n'*As Aventuras de Pinóquio*, o estádio de um processo de transformação em que o boneco, ser criado, se transforma num asno com todas as consequências que tal transformação implicou no seu devir humano!

Neste estudo, desenvolvemos uma leitura que incorpora as perspetivas de Carlo Collodi, o autor da obra literária, e de Paula Rego, a artista que retrata a vida de Pinóquio na Terra da Brincadeira na tela *Island of ligths from Pinocchio* (1996). Realçamos, primeiramente, as caraterísticas da Terra da Brincadeira que lhe emprestam o modo utópico (Raymond Ruyer) e o carácter de vertigem (Roger Caillois), bem como os sinais que fazem dela não o lugar sonhado de eterno folgar, mas uma utopia negativa ou distopia simbolizada pela transformação de Pinóquio em asno, como se de um castigo se tratasse por Pinóquio se ter deixado seduzir ingenuamente pelo folgar e prazer vividos na Terra da Brincadeira. Depois, analisando as imagens obsessivas da tela de Paula Rego, procedemos a uma leitura mítico-simbólica que, à luz dos Estudos do Imaginário, enfatiza uma interpretação da Terra da Brincadeira como ilha das trevas,

---

[38] Araújo, A. F. & Araújo, J. M. (2015). Da Terra da Brincadeira e da metamorfose de Pinóquio em asno. As perspetivas de Carlo Collodi e de Paula Rego. In F. Azevedo (Coord.), *Literatura Infantil e Imaginário* (pp. 99-116). Braga: Centro de Investigação em Estudos da Criança / Instituto de Educação. ISBN: 978-972-8952-35-8.

sucedâneo do próprio Inferno. Por fim, concluimos que Pinóquio-asno é uma das etapas/provações no processo de trans-formação (iniciação) de Pinóquio em ordem a tornar-se um rapaz como todos os demais.

A Terra da Brincadeira como utopia do folgar contínuo

Pinóquio, deixando a Fada, vai passear pela cidade e encontra o seu amigo predileto – o Palito, que é "o miúdo mais preguiçoso e o mais travesso da escola toda" (Colllodi, 2004: 146). Este propõe-lhe abraçar um sonho, uma utopia. Propõe-lhe que vá morar com ele "na melhor terra deste mundo: uma verdadeira maravilha!" (Colllodi, 2004: 147), chamada Terra da Brincadeira, onde a vida é uma permanente festa:

> "Lá não há escolas, não há professores, não existem livros. Naquela bendita terra nunca se estuda. Ao sábado não há escola, e as semanas lá compõem-se de seis sábados e um domingo. Imagina tu que as férias de Verão começam no primeiro dia de Janeiro e terminam no último de Dezembro. (...) [Lá os dias] Passam-se a brincar e a divertir-se de manhã à noite. Quando é noite vai-se para a cama, e na manhã seguinte começa-se a brincar outra vez" (Colllodi, 2004: 147).

As virtudes mágicas de uma Terra tão maravilhosa lembram-nos o País das Maravilhas de Alice. Ao ouvir Palito tão entusiasmado a falar destas virtudes, Pinóquio não só foi retardando o retorno a casa da Fada como foi amolecendo a recusa de acompanhar o seu amigo: "É uma vida que eu também faria de boa vontade!" (Colllodi, 2004: 147); "- Que beleza de terra! Eu nunca lá estive mas imagino como é!" (Colllodi, 2004: 149); "Que beleza de terra!... que beleza de terra!... oh! Mas que beleza de terra!" (Colllodi, 2004: 150). A Terra da Brincadeira e o fascínio que ela exerce sobre quem ouve o que lá se passa e o modo como lá se vive cruzam-se com uma das caraterísticas centrais das utopias: "Um dos processos utópicos mais fáceis e mais elementares, que joga frequentemente quase só nas utopias mais primitivas, e que de facto nunca falta, é a inversão pura e simples da realidade. É evidentemente a experiência mental mais fácil" (Ruyer, 1988: 49). O sucesso da apresentação do "novo" mundo como a cópia invertida do mundo em que o utopista vive e do qual aspira a dele sair não advém, contudo, apenas da sua simplicidade, mas também porque "corresponde ao ressentimento oculto sob o desejo de poder do utopista, e ao negativismo do intelectual e do especulativo. (...) Face às imperfeições da realidade, a reflexão menos cansativa para a inteligência, e aquela que consola melhor o sentimento, é dizer-se que tudo iria melhor se se pusesse tudo ao contrário" (Ruyer, 1988: 50).

Outra característica é o do eudemonismo coletivo, visto que as crianças passam os dias na Terra da Brincadeira "a brincar e a divertir-se de manhã à noite. Quando é noite vai-se para a cama, e na manhã seguinte começa-se a brincar outra vez" (Collodi, 2004: 147). O apelo à felicidade é permanente e intenso: "Vem daí connosco e viveremos todos felizes! (...) Ninguém podia estar mais feliz e contente do que eles", como apelam Palito e as vozes dos passageiros da carruagem que os conduz para o mundo da utopia (Collodi, 2004: 152-153, 156). Na verdade, a moral do utopista "apela ao que de mais elevado há na natureza humana", sem apelar a uma moral heroica ou a uma moral religiosa de salvação (mais própria dos profetas, dos fanáticos, dos apaixonados), e sonha apenas com a felicidade: "um mundo utópico, com instituições perfeitas, não tem necessidade nem do heroísmo na sua moral, nem do salvador na sua religião" (Ruyer, 1988: 52).

A terceira característica da Terra da Brincadeira é a de que nela não há limitação da liberdade de brincar: "Vamos para uma terra onde ninguém nos impedirá de brincar de manhã à noite". Este é, de facto, o argumento mais convincente para Pinóquio: "Façam lugar para mim; também quero ir" (Collodi, 2004: 153). O fascínio que Pinóquio tem pela brincadeira é superior à sua consciência do dever de estudar, de ser bom aluno à semelhança de qualquer rapaz bem-comportado, enfim da promessa que fez à Fada, pois o fascínio lúdico mora dentro de si e apela à transgressão das regras e da conformidade, à rutura com o profano, na linha do célebre imperativo que Gargântua estabelecera na Abadia de Thelema[39] para os seus habitantes de elite: *Fais ce que vous voudra*, "Faz o

---

[39] Rabelais viveu no século XVI e escreveu *Gargântua e Pantagruel* (1532-52), uma série de livros satíricos sobre dois gigantes, respetivamente pai e filho, e suas aventuras divertidas e extravagantes, a partir de uma perspetiva humanista cristã. Nestas histórias, *thelema* (palavra grega que significa vontade ou desejo) é referenciada sempre como a vontade divina, a qual seria a suprema regente da Abadia. A Abadia de Thelema é descrita no

que quiseres". Com a certeza de que cada um apenas dirá: "Joguemos" e todos jogam; ou "Brinquemos" e todos brincam (Rabelais, 1987: 215).

A Terra da Brincadeira insere-se mais naquelas utopias que, ao contrário das utopias minuciosas, quase que dispensam as instituições (Ruyer, 1988: 76) ou, no mínimo, faz dos jogos, dos divertimentos e das brincadeiras as próprias instituições utópicas. A Terra da Brincadeira, uma terra que "não se parecia com nenhuma outra terra do mundo" (Collodi, 2004: 155), era uma grande e imensa ludoteca, uma brincolândia só habitada por miúdos entre os 8 e os 14 anos, alegres, barulhentos, uma terra em que uns

> "jogavam às pedrinhas, outros à malha e outros à bola; alguns andavam de bicicleta e outros num cavalinho de madeira; havia quem jogasse à cabra-cega e também à apanha, enquanto outros, vestidos de palhaços, comiam fogo; alguns representavam, outros cantavam e outros davam saltos mortais e outros ainda divertiam-se a andar com as mãos no chão e as pernas para o ar; enquanto uns jogavam ao arco, outros passeavam vestidos de generais com um elmo de lata e uma espada de papelão; ria-se, gritava-se, chamava-se, batia-se palmas, assobiava-se, imitava-se o cacarejar das galinhas quando acabam de pôr o ovo" (Collodi, 2004: 155-156).

No meio de tantos divertimentos e de tantos folguedos, e à medida que o tempo voava, os dois amigos mergulharam num eterno presente lúdico (um tempo sagrado, diria Mircea Eliade). Naquela espécie de espaço sagrado (Mircea Eliade) os dois amigos como que renasciam para uma nova existência que eles iriam viver num estado de plenitude. Mal chegaram à Terra da Brincadeira felizes e em êxtase, "meteram-se logo no meio da balbúrdia, e em poucos minutos, como é fácil de imaginar, tornaram-se amigos de todos. Ninguém podia estar mais feliz e contente do que eles" (Collodi, 2004: 156). Era a felicidade total: "Entre contínuos folguedos e divertimentos vários, as horas, os dias e as semanas passavam sem se dar por isso" (Collodi, 2004: 156). E, assim, durante cinco meses

---

primeiro livro (capítulos 52 a 57). Construída por Gargântua, a Abadia assume aspetos claramente utópicos e, por conseguinte, foi concebida como crítica à sociedade que recusava seguir os ideais renascentistas. Nela, os desejos de todos eram plenamente satisfeitos. Os habitantes da Abadia eram governados apenas pela sua livre vontade e pelo seu prazer, sendo o "Faz o que tu queres" a única regra consagrada no interior da Abadia.

foi "aquela maravilha de brincarem e se divertirem os dias inteiros, sem verem à sua frente nem um livro, nem uma escola [nem um professor]" (Collodi, 2004: 157), nem o pai, nem a mãe..., nem qualquer um que pusesse entraves ao contínuo folgar e à felicidade total.

O asno como expressão do lado negativo da utopia

No quadro lúdico descrito, em que já passavam cinco meses, a brincadeira assumia um fim em si mesma[40] desfazendo a realidade escolar com tudo aquilo que a mesma acarretava de obrigação, de perda de tempo, de constrangimento, de sacrifício, de sofrimento, de cumprimento das normas: "viva a bincadera!", "acabaram-se as xecolas", "abaixo arinte mética", lia-se nas paredes das casas (Collodi, 2004: 156). Este ambiente frenético (algazarra, agitação e risada) e pleno de alegria no qual vivia toda esta sociedade infantil era animado por uma das categorias fundamentais do jogo[41] que Roger Caillois designou de "ilinx" (vertigem)[42]:

> "Um último tipo de jogos associa aqueles que assentam na busca da vertigem e que consistem numa tentativa de destruir, por um instante, a estabilidade da perceção e infligir à consciência lúcida uma espécie de voluptuoso pânico. Em todos os casos, trata-se de atingir uma espécie de espasmo, de transe ou de estonteamento que desvanece a realidade com uma imensa brusquidão" (Caillois, 1990: 43).

O ambiente era de exaltação permanente e "o pandemónio, o chilreio e a algazarra endiabrada" eram de tal ordem "que era preciso meter algodão nos ouvidos para não ficar surdo" (Collodi, 2004: 156). A maior parte das brincadeiras, especialmente aquelas que implicam movimentos mais ou mesmos acelerados, exprimem normalmente um desejo pela desordem e pela destruição, bem como a atração pela

---

[40] A este respeito diz Roger Caillois (1990: 43): "A perturbação provocada pela vertigem é procurada como fim em si mesmo, muito frequentemente".
[41] Para Caillois (1990: 49), os aspetos fundamentais do jogo são os seguintes: "atividade voluntária, convencionada, separada e dirigida".
[42] A propósito da etimologia do termo agora usado, o autor diz: "proponho o termo *ilinx*, nome grego para o turbilhão das águas e de que deriva precisamente, na mesma língua, o designativo de vertigem (*ilingos*)" (Caillois, 1990: 45).

velocidade e pelas acrobacias geradoras de um prazer que inebria voluptuosamente quer a criança, quer o adulto deixando-as num estado eufórico.

Contudo, depois de cinco meses passados na Terra da Brincadeira (qual Jardim das Delícias!), mergulhado num *dolce fare niente* (o princípio de prazer freudiano), Pinóquio experiencia o lado negativo da utopia sonhada. Ele sente que lhe nasce "um magnífico par de orelhas de burro" (Collodi, 2004: 159) e confronta-se agora com a dramática realidade de metamorfosear-se lentamente num asno em que, num primeiro momento, crescem-lhe as orelhas e, de seguida, passa a ser um burrinho autêntico (Collodi, 2004: 159-166): "Quando uma manhã ao acordar Pinóquio teve, como se costuma dizer, uma má surpresa que o deixou mesmo de mau humor. [...] Deu-se conta, com o maior dos espantos, de que as orelhas lhe tinham crescido mais de um palmo" (Collodi, 2004: 159).

E assim, estava dado o sinal de partida para que Pinóquio, recusando a oportunidade que a Fada lhe dava de transformar-se num "rapaz bem-comportado" e "como deve ser", se viesse a metamorfosear, à semelhança de Lucius de Apuleio[43], num asno.

> "Daqui a duas ou três horas passarás a ser um burrinho de verdade, como aqueles que puxam as carroças e levam as couves e as alfaces para o mercado. (...) Palito de repente ficou imóvel, cambaleando e mudando de cor, disse ao amigo: Acode-me, Pinóquio, acode-me! O que tens? Ai de mim, não consigo aguentar-me das pernas. Também eu não consigo – gritou Pinóquio, chorando e cambaleando. E enquanto assim diziam, inclinaram-se os dois para o chão e, apoiando-se nos pés e nas mãos, começaram a dar voltas e a correr pela casa. E enquanto corriam os braços transformaram-se em patas, os rostos alongaram-se e transformaram-se em focinhos, e as costas cobriram-se de uma pelagem acinzentada com manchas pretas. Mas o momento mais penoso para os dois desgraçados, sabem qual foi? O momento mais penoso e mais humilhante foi quando sentiram que lhes estava a nascer a cauda.

---

[43] É bem provável que Carlo Collodi tenha lido *O asno de Ouro* de Apuleio e por ele fosse influenciado quando escreveu os capítulos dedicados à transformação de Pinóquio em asno até ele recuperar novamente a forma anterior de boneco.

Vencidos pela vergonha e pelo desgosto, começaram a chorar e a lamentar-se do seu destino" (Collodi, 2004: 160 e 166).

O lado sombrio da utopia aparece aqui simbolizada pelo asno ou o burrinho, visto que, como iremos ver mais detalhadamente à frente, o asno simboliza a ignorância, a obscuridade (tendências satânicas) e o elemento instintivo do homem (uma vida centrada nos planos terrestre e sensual), a sedução sensível oposta à harmonia do espírito.

Tendo em conta este simbolismo, podemos melhor compreender a expressão "orelhas de burro" (preferência pelas seduções sensíveis e prazeres sensuais em oposição à harmonia da alma) que teve a sua origem na lenda do rei Midas, segundo a qual Apolo transformou as suas orelhas em orelhas de burro por ter preferido os sons da flauta de Pã (deus do Tudo – simboliza a sensualidade primária transbordante e ilimitada, os prazeres e a sedução, etc.) à música do templo de Delfos, ou seja, aos sons emitidos pela lira de Apolo (simboliza o ideal de sabedoria, do equilíbrio e da harmonia, a razão e o domínio de si-mesmo). Por outras palavras, as "orelhas de burro" simbolizam a opção pela sedução dos prazeres e da sensualidade, da vaidade, da impetuosidade instintiva por oposição à vida espiritual.

A Terra da Brincadeira como ilha das trevas

Paula Rego realça esta metamorfose em asno ao representar a Terra da Brincadeira na tela *Island of lights from Pinocchio*.

Paula Rego. **Island of Lights from Pinocchio.** 1996. Técnica mista sobre papel colado em tela. 150 x 180 cm.

As imagens obsessivas patentes nesta tela são as do asno e da criança nas suas diferentes variáveis as quais merecem uma interpretação mítico-simbólica, pois só esta interpretação nos pode oferecer o sentido de fundo complexo que a tela oferece de modo latente, sabendo que "a pintura de Paula Rego é um vórtice, um carrossel que a cada volta mostra um rosto mais deformado que o precedente..." (Petri, 2004: 161):

Assim, nesta secção, sintetizamos primeiro a simbólica das imagens do asno e da criança e, de seguida, debruçamo-nos, somente a título de exemplo, em quatro imagens presentes que se nos afiguram como as mais expressivas do ponto de vista quer mítico, quer simbólico: a imagem de meio criança, meio cavalo (centauro que figura ao centro da tela); as imagens da criança com orelhas de burro que muito se assemelha à do lobisomem (parte esquerda da tela) e da criança com cabeça de burro (parte esquerda da tela); e a imagem que representa um asno erguendo uma criança aparentemente inanimada (parte central da tela ao fundo).

- *A imagem do asno*

De acordo com a classificação isotópica das imagens de Gilbert Durand, o asno pertence ao regime noturno com as suas estruturas místicas – é um símbolo das trevas (Ferrão, 2000: 163-173) –, mas também pertence, devido à sua relação isomórfica com o cavalo, ao regime diurno com as suas estruturas heroicas – é um símbolo da luz (2000: 174-177). O asno aparece na tela no seu sentido mais material, não se vislumbrando o menor aspeto espiritual que a tradição cristã medieval lhe atribuiu, e cuja significação é a seguinte: "o sexo, a libido, o elemento instintivo do homem, uma vida que se desenvolve toda no plano terreno e sensual. (...) Infelicidade, o prazer da carne volúpias medíocres, escravidão das mãos do azar cego, (...) procura de seduções sensíveis" (Chevalier & Gheerbrant, 1994: 133).

O asno representa as forças ctónicas por oposição às solares e celestiais e é destruidor do tempo da vida; simboliza a inércia e o deboche, a curiosidade, a lascívia e a obstinação (é um dos animais de Dioniso), além da sombra junguiana: "A uma certa ideia de asno, símbolo da humildade e da doçura, opõe-se uma conceção contrária que o encara, a imagem da imbecilidade, da preguiça, da obstinação, da luxúria sem limites" (Biederman, 1996: 31). Marie-Louise von Franz salienta que o asno na Antiguidade não era interpretado como um símbolo propriamente dito, mas como uma simples alegoria à lascívia, e acrescenta: "O asno fazia parte do cortejo de Dioniso e era associado à extasia dionisíaca, à sexualidade e à bebedeira. [...] o asno era uma das representações do deus Seth, o assassino de Osíris" (2014: 85).

Ser transformado em asno implica ser dominado pela condição animal, ter caído sob o impulso de um complexo específico que impõe um comportamento bizarro, porque dissociado, na medida em que Pinóquio sente-se como um ser humano sem contudo poder falar. Ele apenas zurra:

> "- Ó minha Fadazinha! Ó minha Fadazinha! Mas, em vez destas palavras, saiu-lhe da garganta um zurro tão sonoro e prolongado que fez rir todos os espetadores e, principalmente, todos os miúdos que estavam no circo. (...) os olhos encheram-se-lhe de lágrimas e começou a chorar copiosamente" (Collodi, 2004: 177-178).

Pinóquio estava, sem disso ter consciência, vivendo o drama de Lúcio-Apuleio que na pele de um asno ou jumento ainda se sente como um ser humano: "Ele é tratado como um animal, mas, internamente, no seu mundo subjetivo, ele não o é. De modo simbólico, isso significa que externamente ele vive num mundo inferior ao que sua personalidade interna assim o permitiria" (Franz, 2014: 91).

- A imagem da criança

De acordo com a classificação isotópica das imagens de Gilbert Durand, a criança pertence ao regime noturno com as suas estruturas místicas e, como todo o símbolo, possui um feixe de sentidos. A criança tradicionalmente aparece conotada com a inocência, com o estado edénico (inocência e graça), com a simplicidade natural e espontaneidade, com os poderes da imaginação: segundo Jung, a criança é abandonada, invencível, hermafrodita, representa o futuro e é considerada como um ser inicial e final (Jung, 1993: 126-141).

No entanto, as imagens das crianças representadas na tela da Paula Rego, sugerindo *en passant* a tela de Diego Vélasquez "As Meninas" de 1656, parecem negar essa simbólica benéfica da infância. A representação das crianças na tela, em que as suas imagens se confundem com as dos asnos representados, parece fazer parte de uma distopia da própria Terra da Brincadeira onde as crianças gozavam de "boa vida" e não sentiam o próprio tempo passar (a fixidez ou a imobilidade temporal é também uma das caraterísticas do modo utópico): "O País da Brincadeira digerirá os seus meninos, primeiro engoli-los-á na escuridão e depois fará deles carne moída (...). Quem consegue ser tão louco ao ponto de acreditar numa símile ilusão? (...) Sou preguiçoso, indolente, ocioso? Tudo bem, sê-lo-ei para sempre, mas por isso devo pagar um preço..." (Petri, 2004: 169, 168).

Ao observarmos as crianças na tela *Island of lights from Pinocchio* fica-se com o sentimento do seu caráter perverso-polimórfico, senão mesmo daquilo que Erich Neumann (1999: 113) designou de estágio "fálico-ctónico": "Sua forma vegetativa e animal é ainda, em alto grau, passiva e dirigida. (...) O estágio fálico-ctónico do ego é ainda matriarcal: está correlacionado com a Grande Mãe enquanto Self". As crianças aparecem na tela sem expressarem o menor sorriso, como se estivessem apáticas, alheias quer à sua sorte, quer às suas brincadeiras. O contentamento no quadro não é visível como seria expectável, apenas a dor e a tristeza parecem suceder-se: "E ali, onde um burro chorava, agora existe um que está já morto, pronto a ser vendido, a sua pele a pressentir já o futuro tambor com o qual brincará um menino destinado a não se transformar em burro... [...] É o preço a pagar por aqueles que pensavam ter vindo ao mundo apenas para se divertir" (Petri, 2004: 165 e 169).

- *A imagem de meio criança, meio cavalo*

De acordo com a classificação isotópica das imagens de Gilbert Durand, a imagem do centauro (do grego, *Kentauros*, "matador de touros", plural, *Kentauri*) pertence ao regime diurno com as suas estruturas heroicas (devido à sua relação isomórfica com o cavalo). O centauro é uma divindade do vento rápido e de um ser mitológico de aparência monstruosa constituído por uma parte homem e por outra parte cavalo, simbolizando a bestialidade do homem, a concupiscência carnal, a violência bruta, o instinto selvagem incontrolado e imagem de uma certa dimensão do inconsciente – aquela que abole a luta interior: "É por esta razão que a simbólica os considera como as personificações da animalidade, da força selvagem e das pulsões, porque a parte humana não é suficientemente forte para dominar a sua natureza animal" (Biedermann, 1996: 109).

A imagem de centauro é uma etapa da transformação de Pinóquio em burrinho: "E enquanto [Pinóquio e Palito] corriam os braços transformaram-se em patas, os rostos alongaram-se e transformaram-se em focinhos e as costas cobriram-se de uma pelagem acinzentada com manchas pretas" (Collodi, 2004: 166).

- *As imagens da criança com "orelhas de burro" e com cabeça de burro*

A imagem da criança com "orelhas de burro" muito se assemelha à do lobisomem quando está a voltar à sua forma humana. O lobisomem ou licantropo (do grego, *lykos*, "lobo" e *anthropos*, "homem") é uma figura complexa e sinistra com origem na mitologia grega, em que um homem se pode transformar em lobo nas noites de lua cheia, só voltando à forma humana ao amanhecer. Aquilo que nela surpreende, mais até do que as orelhas de burro, é a posição da criança, que identificamos com o Pinóquio.

Como dizemos acima, as "orelhas de burro" são conotadas tradicionalmente com a ignorância, com a preguiça, com a indolência e com a ociosidade, provocando sempre sentimentos de vergonha, de desgosto e de desespero. Elas significam o embrutecimento saído da perversão dos desejos. É uma imagem que choca porque transmite toda uma sensação de dor atroz, uma dor tão grande que parece que ouvimos o grito dessa mesma dor:

> "Quando uma manhã ao acordar Pinóquio teve, como se costuma dizer, uma má surpresa que o deixou mesmo de mau humor. (…) Deu-se conta, com o maior dos espantos, de que as orelhas lhe tinham crescido mais de um palmo. (…) Portanto, imaginem como ele [Pinóquio] ficou quando sentiu as orelhas durante a noite lhe tinham crescido tanto que até pareciam dois abanos. (…) ou seja, viu a sua imagem enfeitada com um magnífico par de orelhas de burro. (…) Começou a chorar, a berrar, a bater com a cabeça na parede; mas quanto mais se desesperava mais as orelhas cresciam, cresciam, cresciam e tornavam-se peludas nas extremidades" (Collodi, 2004: 159-160).

A figura da criança com "orelhas de burro" prolonga-se na figura da criança com cabeça de burro, dando conta da transformação de Pinóquio em asno ou burro. O que significa que com a cabeça de burro ele já não é mais o boneco que era. Na sequência de ter desobedecido à Fada azul (símbolo dos poderes paranormais do espírito, encarna os princípios benéficos da imaginação e da ação e do próprio Apolo) e de se ter deixado influenciar pelo amigo Palito (simbolizando a inconsciência, a Sombra, diria Jung, os instintos arrebatados e o próprio deus Pã), Pinóquio traçou o seu infausto destino – o de transformar-se num burrinho e não na criança que ele tanto desejava ser. Trata-se, na verdade, de uma imagem menos assustadora, menos chocante que a anterior, mas deve ser interpretada na linha da metamorfose iniciática de Pinóquio que culmina na sua transformação de um "rapazinho como deve ser!" (Collodi, 2004: 208). A transformação de Pinóquio em asno é uma das provações, entre outras, que ele experiencia e, por sinal, uma das mais emblemáticas ao longo do seu percurso iniciático a par da cena dele ter sido engolido pelo tubarão: "Acolá, onde um outro menino gritava de dor pela sua transformação, existe agora apenas um burro que chora" (Petri, 2004: 165).

- A imagem de um asno erguendo uma criança aparentemente inanimada

Esta imagem, situada na parte central da tela, bem no alto, simboliza que as forças instintivas (*pathos*), inferiores, as trevas dominam tudo aquilo que a criança representa de positivo e que o seu arquétipo condensa (invencível, hermafrodita, representa o futuro e é considerada como um ser inicial e final). A criança aparece aqui como abandonada à sua própria sorte (lembramos que a condição de abandonado é uma das caraterísticas do arquétipo da criança). Aliás, vê-se que ela é figurada como se estivesse desmaiada, sem sentidos, ou seja, está completamente à mercê das potências masculinas obscuras brutais e ctónicas que o asno também simboliza: "o abandono, a exposição, posta em perigo, etc., pertencem, por um lado, ao desenvolvimento ulterior do início insignificante, por outro ao nascimento misterioso e miraculoso" (Jung, 1993: 126).

Do conjunto das imagens selecionadas e da sua interpretação mítico-simbólica compreende-se que a *Islands of ligths from Pinocchio* de Paula Rego é mais uma ilha das trevas, um espaço dominado pela simbologia do asno com todas as suas implicações culturais – representando a estupidez, a humilhação, um baixo intelecto, a preguiça, a imbecilidade, a teimosia, etc... –, e simbólicas – a rendição sensual (a sexualidade), o elemento instintivo do homem, a lubricidade, a curiosidade desmedida, a obstinação, a fecundidade, as potências ctónicas, a luxúria, etc... – e provoca um efeito angustiante àqueles que observam a tela em questão, mesmo uma espécie de absurdo de *nonsense*.

A Terra da Brincadeira como distopia

A "Idade de Ouro", um tempo eterno do *dolce far niente* tão prometido pela Terra da Brincadeira, abre para um mundo radicalmente diferente daquele anteriormente vivido por Pinóquio (e reside aqui uma das característica da utopia: um outro lugar e um outro tempo). Aqui encontramo-nos com a dimensão utópica subjacente à própria Terra da Brincadeira: "Compete, então, à utopia projetar a imaginação para fora do real, para um algures que é também um nenhures. (...) A utopia é um exercício da imaginação para pensar um 'modo diferente de ser' do social" (Ricoeur, s. d.: 381).

Mas este mundo outro dourado e colorido pode, na verdade, também esconder o seu inverso e transformar-se num pesadelo trágico, a quem à ilusão vã se entrega e por ela é devorado e que a transformação de Pinóquio em asno parece bem simbolizar. Por outras palavras, na Terra da Brincadeira a um tempo de felicidade, necessariamente breve, sucedeu-se um tempo de dor, de desilusão e de desespero crescente: "Deixo à vossa imaginação o desgosto, a vergonha e o desespero do infeliz Pinóquio", diz o narrador nas *Aventuras de Pinóquio* face à "imagem [de Pinóquio] enfeitada com um magnífico par de orelhas de burro" (Collodi, 2004: 159). Por esta transformação, que interrompe abruptamente aquele tempo maravilhoso de brincadeiras diárias livre de livros, de escola e de professor, entra-se no lado mais negro da utopia que é precisamente a sua dimensão patológica (o utopismo) em que o sujeito deixa-se apanhar pela miragem do *speculum* e da ficção-simulacro, enfim de uma promessa de felicidade eterna que ela própria se transforma num desespero infernal: "Esta fobia do real, das suas diferenças e das suas mudanças, conduz o utopista a sonhar com uma felicidade controlada pela obrigação e isolado numa reclusão autística" (Wunenburger, 2002: 225, 1979: 169-187). Este modo utópico simboliza não só uma regressão como uma "desconfiança relativamente a todas as formas de vida e de vitalidade" (Wunenburger, 2002: 227), o que implica já toda a tentativa de escapar às desordens do tempo e do espaço históricos e de preservar um ideal perfeccionista de difícil realização ou de difícil conservação, como é o caso da Terra da Brincadeira.

Este lado negro da utopia, a que Jean-Jacques Wunenburger (2002a: 118-137) designa por "uma sociedade sem sonhos nem razões, é o lado e o tempo das vítimas que, ao optarem ingenuamente pela promessa de um "paraíso na terra", de uma "golden age" terrestre, acabam, mais tarde ou mais cedo, por desposar o infortúnio, ou seja, o próprio inferno, por pagar um preço ôntico e ético que compromete toda a sua existência futura, ainda que menos perfeita e menos livre. Do contentamento e do sorriso de Pinóquio, que durou cinco meses, passa-se para um Pinóquio vergado pela sua própria dor e por um choro desesperado: "Começou a chorar, a berrar, a bater com a cabeça na parede" (Collodi, 2004: 159).

A Terra da Brincadeira torna-se, assim, um sucedâneo do próprio inferno que digere as crianças que para ela acorrem na esperança que a felicidade será sempre delas e que prolongar-se-á numa espécie de "presente eterno", enfim uma ilusão que arrastará as crianças para grandes penas e sofrimentos, que as arrastará inexoravelmente para uma terra escura, lembrando o episódio em que Pinóquio é devorado pelo terrível tubarão: "Para quem acreditava poder fugir ao comum destino [o da Escola, por exemplo] existe um destino pior, o da velocidade de uma trituradora que do corpo e dos seus pensamentos até a memória destrói" (Collodi, 2004: 169). Estes pontos dedicados a uma fase da vida de Pinóquio são esclarecedores na desmontagem que o narrador faz acerca da possibilidade de uma vida utópica: o "bem viver" tão querido por Pinóquio acaba, no final de contas, por transformar-se num inferno simbolizado pela sua metamorfose em asno com todas as consequências que essa mesma transformação implicou no presente e no futuro da sua vida.

De igual modo, seja de modo mais voluntário ou involuntário, Paula Rego exprime a sua posição face à utopia da Terra da Brincadeira como uma terra escura, de sofrimento e de desencantos: "Da brincadeira, portanto, passa-se ao lançar-se a si próprio no Inferno, naquela boca de fornalha sempre esfomeada" (Petri, 2004: 169). Não deixa, aliás, de ser sintomático o título que ela dá à sua tela, porquanto aquilo que nela se vê, e pela sua própria simbologia, vai mais no sentido das trevas e não das luzes. E por aqui se vê que o asno, ou o burro, como símbolo das trevas (Ferrão, 2000: 163-173), faz ainda mais ressaltar não somente o sentido negativo da utopia que a Terra da Brincadeira representa (fazendo dela uma espécie de distopia patológica e polimórfica), como também ressaltar o lado abandonado, fragilizado da criança. Pinóquio que julgava abraçar para sempre o maravilhoso e o prazer acabou, pela sua transformação em asno, por desposar o infortúnio: "Para quem acreditava poder fugir ao comum destino, existe um destino pior" (Petri, 2004: 169), o destino de ficar prisioneiro da sua sombra (sob forma de asno) sentindo-se ainda humano.

Conclusão

A transformação de Pinóquio em asno faz parte do seu processo iniciático e ascensão a um estádio de humanidade. Depois de ter passado cinco meses na Terra da Brincadeira onde só se divertia, enfim onde o jogo era a palavra de ordem de todas as crianças para elas próprias e para os seus lúdicos companheiros, Pinóquio confrontou-se com uma transformação lenta em asno. O asno, do ponto de vista simbólico, representa o elemento instintivo, ctónico do humano, a ignorância e a obscuridade.

Paula Rego enfatiza a passagem da Terra da Brincadeira de terra prometida e luminosa, qual "Jardim das Delícias", qual "Idade do Ouro"[44], para uma ilha escura onde Pinóquio metamorfoseado ansiava libertar-se da sua condição asinina para voltar a ser a marioneta que sempre fora. Pinóquio estava subjugado pelas forças instintivas e, por conseguinte, cada vez mais afastado da possibilidade de vir tornar-se a criança que ele sempre desejara ser.

Se ele conheceu a alegria na Terra da Brincadeira, nela também veio a conhecer o inferno pelo facto de ter ficado prisioneiro da sua própria "Sombra" (Jung). No entanto, para se tornar humano teria de passar inelutavelmente pelo sofrimento atroz de sentir na sua própria subjetividade a estranheza dele ser ele, mas na pele de um outro. Quando este outro é um asno, com a conotação simbólica que lhe está tradicionalmente associada, a provação é mais dramática.

Na condição de asno, o sentimento de invencibilidade da futura criança reduzia-se a escombros. Os sentimentos de abandono, de exposição e de insignificância ressaltavam e tomavam conta da pequena réstia da esperança. Uma esperança abafada pela provação dolorosa onde o grito de dor e o choro de Pinóquio por ninguém eram ouvidos e se apagavam nas trevas do desespero. Mas, como sabemos, pela leitura das suas *Aventuras*, Pinóquio-asno ultrapassou a provação asinina voltando à sua antiga forma de marionete, depois de ter passado pelo circo e se ver comprado para da sua pele ser feito um tambor. Assim, voltava a re-nascer a esperança de um dia tornar-se um rapazinho de verdade.

Referências
APULEE (1990). *L'Âne d'or ou les métamorphoses*. Trad. de Pierre Grimal. Paris: Gallimard.

---

[44] O consolo de saber que chegariam a um país onde não havia nem livros, nem escolas, nem professores punha-os tão contentes que não percebiam nem o desconforto, nem o cansaço, nem a fome, nem a sede, nem o sono.

CAILLOIS, R. (1990). *Os Jogos e os Homens*. Trad. de José Garcez Palha. Lisboa: Cotovia.

CALVINO, I. (2004). Mas, Collodi não existe. In C. Collodi, *As Aventuras de Pinóquio. História de um Boneco* (pp. 209-215). Trad. de Margarida Periquito. Lisboa: Cavalo de Ferro.

BIEDERMANN, H. (1996). *Encyclopédie des symboles*. Trad. Françoise Périgaut et al. Paris : Le Livre de Poche

BORY, J.-L. (1990). Préface. In Apulée, *L'Âne d'or ou les métamorphoses* (pp. 7-27). Trad. de Pierre Grimal. Paris: Gallimard.

CHEVALIER. J.; GHEERBRANT, A. (1994). *Dicionário dos Símbolos*. Trad. de Cristina Rodriguez e Artur Guerra. Lisboa: Editorial Teorema.

COLLODI, C. (2004). *As Aventuras de Pinóquio. História de um Boneco*. Trad. de Margarida Periquito. Lisboa: Cavalo de Ferro.

DURAND, G. (1996). *Champs de l'Imaginaire*, Textes réunis para Danièle Chauvin. Grenoble: Ellug.

ELIADE, M. (1993). *Mythes, rêves et mystères*. Paris: Gallimard.

ELIADE, M. (2001). *Initiation, rites, sociétés secrètes*. Paris: Gallimard.

FERRÃO, C. M. G. (2000). A Simbólica dos Animais no Romance de Apuleio, *Hvmanitas*, vol. LII, 155-193.

FRANZ, M.-L. (2014). *O Asno de Ouro. O romance de Lúcio Apuleio na perspectiva da psicologia analítica junguiana*. Trad. de Inácio Cunha. Petrópolis: Editora Vozes.

GRASSI, A. (1981). Pinocchio nell'ottica mitológico-archetipica della psicologia analítica di C.G. Jung. In *C'era una volta un pezzo di legno. La simbologia di Pinocchio. Atti del Convegno organizzato dalla Fondazione nazionale* Carlo Collodi di Pescia (pp. 71-92). Milano: Emme Edizione.

HUIZINGA, J. (2012). *Homo Ludens. O jogo como elemento da cultura*, 7ª ed. Trad. de João Paulo Monteiro. São Paulo: Edit. Perspectiva.

JUNG, C.-G. (1988). *Les Racines de la Conscience. Études sur l'archétype*. Trad. par Yves Le Lay. Paris: Buchet/Chastel.

JUNG. C.-G. (1993). Contribution à la psychologie de l'archétype de l'enfant. In C.-G. Jung; Ch. Kerényi. *Introduction à l'essence de la mythologie* (pp. 105-144). Trad. de H. E. Del Medico. Paris: Payot.

MUCCHIELLI, R. (1960). *Le Mythe de la Cité Idéale*. Paris: PUF.

NEUMANN, E. (1999). *A Criança. Estrutura e Dinâmica da personalidade em Desenvolvimento desde o Início de sua Formação*. Trad. de Pedro Ratis e Silva. 2ª ed. São Paulo: Editora Cultrix.

PETRI, R. (2004). Comentários às ilustrações. In C. Collodi, *As Aventuras de Pinóquio. História de um Boneco* (pp. 165-169). Trad. de Margarida Periquito. Lisboa. Cavalo de Ferro.

RABELAIS (1987). *Gargântua*. Mem-Martins: Publicações Europa-América.

RICOEUR, P. (s. d.). *Do texto à acção*, Trad. de Alcino Cartaxo e de Maria José Sarabando. Porto: Rés-Editora.

RICOEUR, P. (1990). *Soi-même comme un autre*. Paris: Éditions du Seuil.

TODINI, U. (1981). Il legno delle metamorfosi. In *C'era una volta un pezzo di legno, La simbologia di Pinocchio. Atti del Convegno organizzato dalla Fondazione nazionale* Carlo Collodi di Pescia (pp. 53-58). Milano: Emme Edizione,.

ZERVOU, A. (2003). La Grèce ancienne des influences et la Grèce moderne des transformations: création et réception de Pinocchio. In J. Perrot (Dir.), *Pinocchio. Entre texte et image* (pp. 53-66). Bruxelles : P. I. E – Peter Lang.

WUNENBURGER, J.-J. (1977). *La fête, le jeu et le sacré*, Paris: Jean-Pierre Delarge.

WUNENBURGER, J.-J. (1979). *L'utopie ou la crise de l'imaginaire*, Paris: Jean-Pierre Delarge.

WUNENBURGER, J.-J. (2002). *La vie des images*. Grenoble: PUG.

WUNENBURGER, J.-J. (2002a). *Une utopie de la raison. Essai sur la politique moderne*. Paris: La Table Ronde.

CAPÍTULO 8

Como Criar um Monstro: O Manual de Instruções do Dr. Victor Frankenstein [45]

Armando Rui Guimarães
Universidade do Minho
Alberto Filipe Araújo
Universidade do Minho

Introdução

Na tempestuosa noite de 16 de Junho do Verão de 1816, Lorde Byron desafiou Mary Shelley, Percy B. Shelley[46], John W. Polidori, médico de Lorde Byron e Claire Clairmont, filha da madrasta de Mary e amante de Byron, a escreverem um conto de fantasmas. Mary Shelley, a princípio, não conseguiu escrever nada, mas nessa noite teve um pesadelo e sonha com um «horrendo fantasma». No dia seguinte começa a escrita de um conto que se transformará depois em *Frankenstein ou o Prometeu Moderno*. O romance foi publicado anonimamente a 11 de Março de 1818, em três volumes com um Prefácio não assinado de Percy B. Shelley. Em Novembro de 1823 a obra é de novo editada, agora em dois volumes mas ainda anonimamente, tendo esta edição sido preparada por William Godwin, aproveitando o êxito que teve a peça *Presumption, or the Fate of*

---

[45] Guimarães, A. R. & Araújo, A. F. (2015). Como Criar um Monstro: O Manual de Instruções do Dr. Victor Frankenstein. In F. Azevedo (Coord.), *Literatura Infantil e Imaginário* (pp. 117-129). Braga: Centro de Investigação em Estudos da Criança / Instituto de Educação. ISBN: 978-972-8952-35-8.

[46] Este trio famoso, Percy, Mary e Lorde Byron eram também verdadeiros devoradores de livros. E no caso de Percy e Mary, para além da leitura compulsiva, foram epistológrafos prolíficos. Graças aos seus Diários, sabemos que em 8 anos de vida em comum, Percy e Mary leram cerca de 700 livros, à média de 1,6 livros por semana, sem contarmos as obras que releram e não foram mencionadas, para além de serem ambos poliglotas (cf. Bernheim, 2014: 48).

Frankenstein, a adaptação ao teatro por Richard Brinsley Peake, que fora estreada em Julho desse ano. Em 1831 surge a 3ª edição: o romance foi revisto por Mary Shelleye é publicado num só volume mas desta vez identificando Mary Shelley como seu autor (cf. Joseph, in Shelley, 1998: XV; cf. Bernheim, 2014: 63-68; 85-87; 213-217).

Frankenstein ou o Prometeu Moderno não é uma obra fácil de classificar pois escapa aos padrões literários estabelecidos: é um romance gótico? Literatura fantástica? Um romance romântico? Obra pioneira de ficção científica? Literatura do horror?). Além do mais, esta obra presta-se a numerosas leituras e interpretações desde a crítica literária, à leitura política, filosófica, sociológica, educativa, psicanalítica, marxista, feminista, científica, mitológica, ecológica e até vegetariana[47]. Por outro lado, o medo, o terror e o horror[48] que esta obra provoca, fizeram com que entrasse de uma maneira indelével no imaginário popular a tal ponto que, quando falamos deste monstro, é essa imagem de Boris Karloff[49] que surge. Assim, "o fascínio que este romance tem sobre a imaginação das pessoas é atestado pelos numerosos usos do nome e do monstro de Frankenstein em

---

[47] Notável e original é a leitura a partir do vegetarianismo que é feita por Katie Masuga, em *Locke's Child in the Carnivore's Kitchen* (2012: 288-299). Quanto a uma leitura «proletária», destacamos o artigo de Jim Mowatt, *Frankenstein and The British Workers* (2012: 250-256).

[48] O primeiro romance gótico foi *The Castle of Otranto* (1764), de Horace Walpole. No romance gótico os temas são o regresso à Idade Média, a exploração dos aspectos mais escuros e sombrios da vida de cada um. No dizer de Marion S. Marceau, "O requisito literário das lágrimas foi suplantado pelo dos medos" (2012: 235). Este medo pode surgir em três níveis ou graus de intensidade:

    1)   O nível do MEDO, onde temos o romance *The Recess* (1783-85), de Sophie Lee.
    2)   O nível do TERROR, onde temos romances como: *The Castle of Otranto* (1764), de Horace Walkpole; *The Old English Baron* (1770), de Clara Reeve; *The Mysteries of Udolfo* (1794), de Ann Raddiffe.
    3)   O nível do HORROR, onde temos *The Monk* (1796), de M. G. Lewis; *Frankenstein, or the Modern Prometheus* (1818), de Mary Shelley; e *Melmoth the Wanderer* (1820), de Charles Robert Maturin (cf. Marceau, 2012: 235).

[49] O filme de James Whale, realizado em 1931 e produzido pela Universal Pictures, teve Boris Karloff no papel de monstro e a partir daqui a imagem de referência que persiste no imaginário popular e na própria publicidade é a de Boris Karloff como monstro (cf. Bernheim, 2014: 281-282).

tão diferentes e insuspeitáveis circunstâncias e situações, agora e no passado: desde a comida à insegurança política e ameaças ambientais até à paródia do recente escândalo da NSA a espiar cidadãos americanos e estrangeiros onde podemos ver num *cartoon* a imagem do monstro de Frankenstein, com auriculares e uma T-shirt com o logotipo da NSA, a ser repreendido por Barak Obama por estar a escutar ilegalmente as comunicações das pessoas (cf. *Courrier Internacional*, Janeiro 2014: 16; Araújo; Guimarães, 2014a: 221-240).[50] Isto é, o anónimo monstro acabou por se tornar mais conhecido e famoso que o seu criador e estes dois mais famosos e conhecidos que a jovem inglesa que os criou.

Mas haverá um só monstro em *Frankenstein*? Certamente que não. Segundo Christine Berthin há quatro nesta história: o primeiro é, obviamente, o monstro que Victor Frankenstein criou; o segundo é o próprio Victor Frankenstein que "é também um monstro cujo monstro fabricado por ele é o sintoma. Temos de ver como Victor é o humano que se torna inumano"; o terceiro é a monstruosidade do texto e um sentimento de monstruosidade da autora; e o quarto monstro é a sociedade desumana que cria um monstro (Berthin, 1997: 102).

Mas o que é um monstro? Etimologicamente, a palavra «monstro» vem da palavra latina *monstrum* que, segundo Christine Berthin, evoca a ideia de prodígio e de espanto perante uma exceção singular à ordem da natureza, assim como a ideia de signo precursor de acontecimentos destinados a subverter a ordem natural do mundo (idem: 1997: 101). O monstro fabricado por Victor Frankenstein cumpre plenamente as duas condições da monstruosidade: ser um prodígio e causar espanto e medo, assim como ser um pré-anúncio do descalabro e de todas as desgraças que se seguirão.

---

[50] Susan Hitchcock (2010: 115-118; 127-128; 309-329) faz um extenso historial do que o monstro e a palavra Frankenstein vieram a significar e para o que foram e têm sido usados.

O Manual de Instruções

1ª Instrução

Não dar nome à criatura, sem história e sem sentido de pertença. A isto acrescente-se fazer-lhe sentir que só há um presente calamitoso e não se vislumbra algum futuro potencialmente feliz. E se não ter nome ou identidade própria é já em si mau, pior se torna quando nos dirigimos à criatura com palavras como «monstro», «demónio», «diabo», todos termos depreciativos e ofensivos. Se a esta situação já duplamente má (não ter identidade ou nome e dirigirem-se-lhe sempre e só de modo ofensivo), se acrescentar nunca fazê-la ouvir palavras amigas e calorosas ou ver reconhecido o bem que é capaz de fazer - como, por exemplo, quando salvou uma menina de morrer afogada e as pessoas em vez de lhe agradecer escorraçaram-no por causa do seu especto horrível -, temos reunidos todos os ingredientes para começar a criar um monstro.

2ª Instrução

Uma criatura órfã de pai vivo e conhecido, o que vem ainda mais aumentar a sensação de abandono imerecido e incompreensível. Parece que Victor Frankenstein, ao abandonar a criatura à sua sorte, pretendeu dar razão a Aristóteles ao colocar a sua criatura não ao nível do humano, mas ao nível da bestialidade ou da divindade. Quando o Estagirita dizia que não é próprio do homem viver isolado e sozinho, mas que precisamos dos outros para nos humanizarmos e que só as bestas e os deuses é que não precisam de companhia (*Política*, Livro I, 1253a 27-39), Victor Frankenstein, pelo abandono e orfandade a que forçou a sua criatura, impediu que esta se humanizasse, transformando-a assim numa besta com forças e capacidades quase divinas. No entanto e na verdade, sabemos que os deuses e os animais, mesmo que possam não precisar de companhia, gostam de a ter.

3ª Instrução

Instrumentalizemos o outro. Transformemo-lo num projeto de criação artificial *a solo* e não fruto de uma procriação sexual desejada. Estamos perante alguém que se sentiu instrumentalizado, que sabe que foi feito não porque era desejado e para ser amado, mas resultado da *hubris*, de uma ambição científica masculina desmesurada, de alguém que pensou mais em si e na sua fama futura do que em quem estava a criar. Neste caso a instrumentalização do outro foi um inequívoco transformar um Tu numa coisa ao serviço da ambição e da glória de um adulto.

4ª Instrução

Criar alguém gigantesco, feio, disforme, desproporcionado e com uma força enorme e ainda por cima culpá-lo e culpabilizá-lo de tudo e por tudo. A primeira reação de Victor Frankenstein foi de horror perante a monstruosidade da sua criação. Estamos, portanto, perante alguém que desde o início se sentiu abandonado por causa da sua aparência física e sem ninguém para o ajudar a superar, compreender ou ultrapassar esses *handicaps*, assim como numa situação agravada em que é essa mesma monstruosidade e fealdade que não só lhe atiram à cara, como também levam os outros a percepcionar a criatura como maléfica. Monstruosidade que, pelo horror e pavor que provoca, irá fazer com que o *parecer «monstro»* faça com que a criatura se transforme num *verdadeiro monstro*. É a versão shelleyana invertida do ditado romano que diz que à mulher de César não basta ser; é preciso também parecer. Aqui, em *Frankenstein*, o que parece, é.

5ª Instrução

Não permitir ou facultar a alguém a possibilidade de ser criança, de sonhar e imaginar como todas as crianças. Criar alguém que nunca experimentou o ciclo natural do crescimento e do desenvolvimento humanos: nascimento, infância, adolescência e idade adulta. Foi criado adulto e assim abandonado, sem qualquer experiência de vida, uma folha em branco largada num mundo inicialmente caótico e perigoso, que teve de ir aprendendo a conhecer sozinho e à sua própria custa, por tentativa e erro, sem ajuda de alguém que o pudesse orientar; alguém que nunca pôde disfrutar dos prazeres de uma memória infantil, supostamente feliz como a de Victor Frankenstein, nem sequer experimentar o que é a imaginação infantil.

6ª Instrução

Alguém sem lugar na sociedade, forçado a ser associal, a viver sozinho, não porque assim o desejasse ou quisesse e por opção própria, mas porque foi forçado a isso devido à sua fealdade, monstruosidade e gigantismo. A criatura tem consciência da sua deformidade, gigantismo e monstruosidade e tem consciência que são estas as razões por que é abandonado, escorraçado e evitado por todos – só pelo seu aspeto -, e não por se tratar de uma pessoa que fosse, à nascença e no início, moral e socialmente má (cf. Joseph, 1998: X). Além disso, a criatura sentia-se invadida por um sentimento de injustiça, de que não merecia ser rejeitado, um sentimento agravado pela consciência de não ter culpa nenhuma. Mas, ao mesmo tempo, acabará por reconhecer um sentimento de impotência ou de incapacidade para reagir diferentemente às provocações negativas das experiências de vida. Tudo isto em claro contraste com o facto de ser alguém que, no início, sonhava que poderia ser bom e feliz mas que os outros fizeram-no tornar-se mau e agora sabe por que é que é mau.

7ª Instrução

A criatura nunca foi verdadeiramente ouvida nem escutada, mas foi sempre imediatamente julgada pelos outros só pela aparência, sinal de que os outros não conseguiram colocar-se no seu lugar e sofrer as suas dores, abandono e exclusão. Trata-se de alguém para quem nunca ninguém teve tempo para o escutar, tempo para ouvir a sua versão da história, as suas mágoas, inseguranças, receios, sonhos e desejos. Esta associabilidade forçada do monstro só é quebrada por duas personagens: o velho De Lacey que, sendo cego, não consegue *ver* quão horrível e deformada era a criatura, embora ao tocar-lhe no rosto se apercebesse que algo de muito errado ter-lhe ia acontecido; e Robert Walton que, como confessa quando descreve o seu encontro com a criatura depois da morte de Victor Frankenstein, sempre que *olhava* para o monstro não podia sentir pena dele nem acreditar nas suas palavras, mas sempre que *fechava os olhos* e o ouvia falar, conseguia sentir alguma pena e comiseração pelos seus infortúnios (cf. Mellor, 2003: 21). Victor Frankenstein também ouviu e falou várias vezes com a sua criatura. Mas quando a ouvia, se o seu coração até se podia comover pelo relato eloquente de todos os seus infortúnios, a sua razão dizia-lhe que aquela horrenda criatura não podia estar a falar verdade e que não era confiável. O que o coração sentia era atraiçoado pelo que os olhos viam. Se só podemos existir para o outro por voz mas sem rosto, será isto existir verdadeiramente? (Shelley, 2003: 116-117).

8ª Instrução

Facultemos ao outro uma educação mutilada e incompleta. O monstro teve uma educação somente literária, sem contacto ou interferência humanas mas só pela mera observação, e de longe, do comportamento dos outros seres. A aprendizagem da criatura foi mediatizada pelas seguintes obras: *A Ruína dos Impérios* (1791), de Volney, *Paraíso Perdido* (c.1667) de John Milton, *Vidas Paralelas* (c.100 a. D.) de Plutarco e *O Jovem Werther* (1774) de Goethe. E o que aprendeu a criatura em cada uma destas obras? Nas *Vidas Paralelas* de Plutarco, a criatura aprendeu algo sobre virtude pública; no *Wherther* de Goethe a criatura descobre o sentimento privado; em *A Ruína dos Impérios*, de Volney, a educação da criatura tornou-se mais autodidata porque aprendeu história, política e o modo como as sociedades funcionam (cf. Joseph, 1998: X) mas lembra M. K. Joseph, "Acima de tudo, é através de *Paraíso Perdido* que a criatura acaba por se compreender a si própria e à sua situação sob a dupla analogia de Adão e Satã" e ao ler os Diários de Victor Frankenstein, a criatura também descobre "que a sua situação é ainda mais desesperada do que a deles, uma vez que ele foi rejeitado sem culpa e está completamente sozinho" (Idem: XI).

Conclusão

Resumidamente, a receita para fazermos do Outro um monstro é a seguinte:

1º) Não dar nome a uma pessoa, mantê-la sem história e sem sentido de pertença. Fazê-la sentir que só tem presente e um presente miserável e sem prospecto ou possibilidade de um futuro melhor. Acrescente-se a isto um tratamento ofensivo, depreciativo e negativo. E se nunca lhe dirigirmos palavras afáveis, amigas e carinhosas e se sempre nos recusarmos a reconhecer ou ver nele alguma coisa de bom e de positivo e, faça o que fizer de bom e meritório, nunca será merecedor de reconhecimento e louvor, melhor ainda.

2º) Façamos alguém sentir-se órfão de pai vivo e num abandono e solidão totais. Façamo-lo sentir e perceber que a sua situação e o modo como é tratado não são o resultado de culpa ou falha sua, mas que tudo isso acontece porque provoca nos outros uma indisfarçável repugnância. Este abandono e solidão forçados acabam por desumanizar o outro ao privarem-no de uma família e de uma comunidade.

3º) Instrumentalizemos o Outro fazendo-lhe sentir que não é desejado e que nunca foi verdadeiramente querido. Façamos o Outro sentir que fomos nós que estivemos sempre em primeiro lugar e que agora ele não passa de um fardo e de um pesadelo insuportáveis.

4º) Criemos ou fabriquemos alguém que só valha o que parece ser: se é fisicamente desproporcionado, feio, disforme e gigantesco não pode ser bom. Façamo-lo sentir-se culpado por isso e culpabilizemo-lo também por tudo o que de mal lhe acontece.

5º) Nunca permitamos que esse Outro tenha uma infância feliz e que possa ter tempo e espaço para sonhar e pensar como uma criança. Coloquemo-lo sozinho, inexperiente e desprotegido, num mundo hostil onde tudo terá de aprender à sua própria custa e sem o apoio, a orientação ou a protecção de alguém.

6º) Forcemos o Outro a viver sozinho, a não ter nem hipótese nem possibilidade de partilhar com os outros o que quer que seja por causa do seu aspecto. E não proporcionemos nunca um ombro amigo onde repousar ou um porto de abrigo afectivo onde se recolher.

7º) Façamos com que o Outro nunca se sinta verdadeiramente escutado, nunca lhe demos a possibilidade e a oportunidade de se fazer ouvir pelos outros com atenção e empatia, só porque a sua aparência repugna, assusta e afasta. Em resumo, tornemo-lo incomunicável.

8º) Proporcionemos ao Outro uma educação desequilibrada, mutilada, unilateral, neste caso formal e somente literária, sem que alguma vez possa contactar com os outros de um modo positivo e construtivo mas sempre e só através de uma experiência negativa de socialização.

Este romance de Mary Shelley, mais do que uma crítica a uma prática científica desmesurada e irresponsável, é um alerta ao poder da sociedade e de todos nós de criarmos monstros. É um *caveat* à nossa terrível e devastadora capacidade de fazer de um Adão edénico um Satã infernal.

Este romance recorda-nos tragicamente que gerar e educar não são a mesma coisa, que a paternidade não se reduz à geração nem aí se esgota, mas que a paternidade real e verdadeira é cuidado, é atenção, é afecto.

O monstro criado por Victor Frankenstein é o representante mais bem conseguido, na literatura de língua inglesa, do personagem solitário[51]. Mas, paradoxalmente, esse mesmo monstro é também aquele personagem que nunca quis estar só, nunca desejou estar nesta situação e que, pelo contrário, exactamente porque foi abandonado pelo seu criador, sempre suspirou e procurou uma família, um lar que julgou poder vir a ter, primeiro, com os De Lacey e, depois, com uma companheira, promessa que Victor Frankenstein nunca cumpriu. Sempre frustrado neste seu desígnio e desejo e como não é próprio da natureza humana ter de viver sozinho e isolado, a criatura transformou-se num monstro e vingativamente decidiu matar vários amigos e familiares de Victor Frankenstein, para que Victor sentisse na pele o que é viver sozinho e abandonado (cf. Mellor, 2003: 11).

A ausência de nome próprio é o sinal da sua não-humanidade aos olhos dos outros. Aliás, em nenhum momento do romance, Victor Frankenstein manifestou alguma preocupação em dar um nome ao ser humano que criou. A desatenção e o descuido de Victor Frankenstein pela sua criatura são assim brilhantemente traduzidos neste anonimato da criatura, o que ainda se torna mais conspícuo e assustador quando comparamos esta situação com o facto de que, quando temos animais domésticos como cães e gatos, temos o cuidado de escolher um nome para

---

[51] Escreve Esther Schor: "Numa das grandes ironias da época, a filha de Mary Wollstonecraft e William Godwin, dois visionários da renovação social, inventou em *Frankenstein* o personagem mais solitário do romance inglês. Mas isto não é mais irónico, talvez, do que Shelley ter concebido o seu grande romance de solidão num jogo de escritores, entre os brilhantes companheiros da sua juventude" (2003: 1). Aliás, a ideia dominante, no imaginário popular, do herói romântico como um ser solitário, genial, introspectivo e incompreendido, é desfeita na obra de Daisy Hay, *Young Romantics. The Shelleys, Byron and Other Tangled Lives*.

eles. E este cuidado nem sequer o teve Victor Frankenstein para um ser humano que ele próprio fabricou.

Este anonimato pode também ser explicado pelo facto de o monstro ter sido composto por pedaços de cadáveres de pessoas anónimas, socialmente invisíveis (cf. Vielmas, 2012: 245). Como muito bem lembrou Claire Bazin, jogando com a sonoridade das palavras inglesas *«womb»* (útero) e *«tomb»* (túmulo), a criatura de Victor Frankenstein nasceu de um túmulo e não de um útero ("his baby is born from a tomb and not from a womb"), assim como o próprio texto é também feito de pedaços, de narrativas dentro de narrativas, cosidas entre si como o próprio monstro (Bazin, 2012: 303).

Importa também salientar um outro aspecto: Victor Frankenstein certamente desejou e pretendeu criar um ser belo e aprazível, saudável e forte. Contudo, nunca antecipou a possibilidade de falhar nem alguma vez pensou como é que a sua criatura iria ser recebida pelos outros (cf. Ounoughi, 2012: 270). Ao estar tão centrado e concentrado em si e nos seus interesses, esqueceu-se do Outro, diferente de si que tinha pela frente e que era uma pessoa e não um mero autómato.

Por outro lado, enquanto normalmente a espera de um filho é recebida e partilhada com satisfação e alegria por familiares e amigos, no caso de Victor Frankenstein este isolou-se secretivamente do mundo, da família e dos amigos, ficou incomunicável para poder obsessivamente fazer a sua criatura. A solidão existencial do monstro é assim antecipada ao seu próprio aparecimento. É uma criatura que já foi feita sozinha, abandonadamente, isoladamente. E não só o criou sem deixar que ninguém soubesse e partilhasse desse seu empreendimento gestatório-fabricador como pretendeu criar/fazer um ser humano sem se preocupar em vê-lo como um todo, com unidade e proporção. Parece que foi acrescentando e remendando partes de corpos até surgir algo parecido com um ser humano.

Finalmente, as dores de nascimento, para Victor Frankenstein, não pararam depois do nascimento/criação do monstro. Antes continuaram e agravaram-se a tal ponto que o único modo de acabar com elas foi somente conseguido com a morte de Victor Frankenstein e a da sua criatura.

Victor Frankenstein e a criatura viam também a natureza humana de modo diferente: para a criatura, seguindo a Rousseau e Condorcet, a natureza humana é inatamente boa (a criatura dizia-se capaz de amar e de fazer o bem e de os querer e desejar, mas foram as circunstâncias e as terríveis experiências de vida que o transformaram num Satã). Por seu lado, Victor Frankenstein pareceu optar por uma visão negativa da natureza humana, mais tradicionalmente cristã, a do pecado original, insistindo que a sua criatura era inatamente má (cf. Mellor, 2003: 21).

Este romance ajuda-nos a perceber a enorme complexidade do todo e qualquer processo educativo, dos múltiplos factores e variáveis aqui presentes que podem alterar o que planeámos e o que desejámos, os acontecimentos imprevistos e os imprevisíveis que vão alterar ou mesmo destruir esses planos e esses sonhos, o factor humano e os modos diferentes como cada um reage às experiências e situações da vida. Mostra ainda que o modo como concebemos a natureza humana tem repercussões e consequências no ideário que defendemos e no processo educativo que consequentemente implementamos, seja baseado uma paradisíaca natureza humana à moda de Rousseau ou seja uma natureza humana já condenada, à partida, por um pecado supostamente original. Estamos convencidos, com Anne K. Mellor, que as finalidades literárias de Mary Shelley em *Frankenstein* são, em primeiro lugar, éticas e só depois epistemológicas: "ela quer que compreendamos as consequências *morais* dos nossos modos de ler e de ver o mundo, do nosso hábito de impor sentidos àquilo que não podemos conhecer verdadeiramente" (Mellor, 2003: 22).

Em *Frankenstein*, o que é estranho e anormal é visto como perigoso ou mau, sem mais. Mas aqui esquecemos que todos nós podemos ser sempre, para alguém, esse estranho, esse anormal, esse outro sem rosto de pessoa. Pelo que terminamos lembrando que foi ao chamar monstro à sua criatura que Victor Frankenstein começou a fazer da sua criatura um monstro. O que chamamos e o que pensamos do Outro define-o e categoriza-o e nem sempre de uma maneira amigável e simpática. "Quando nós escrevemos o que não é familiar como monstruoso, nós literalmente criamos o mal, a injustiça, o racismo, o sexismo e o preconceito de classe, que nós arbitrariamente imaginamos" (Mellor, 2003: 23).

Se uma imaginação sensivelmente altruísta e empática é imprescindível para uma actuação moralmente correcta e aceitável, uma imaginação povoada de preconceitos só pode transformar em monstro todo aquele que nos parece e aparece, de algum modo, estranho à nossa «normalidade».

Referências

ARAÚJO, A. F. & GUIMARÃES, A. R. (2014). O Monstro de Frankenstein: uma leitura à luz do imaginário educacional, *Revista Temas em Educação*, 23 (1), 14-35.

ARAÚJO, A. F. & GUIMARÃES, A. R. (2014a). "The child is father of the man". On the pedagogical teachings of the myth of Frankenstein, *Cahiers echínox. Journal*, 26, 221-240.

BAZIN, C. (2012). Introduction. In M. Shelley, *Frankenstein Galvanized. Original 1818 Edition* (pp. 3-8). London/Liverpool: Red Rattle Books.

BAZIN, C. (2012a). Monster and Monster-text. In M. Shelley, *Frankenstein Galvanized. Original 1818 Edition* (pp. 300-308). London/Liverpool: Red Rattle Books.

BERTHIN, C. (1997). Frankenstein ou le Prométhée moderne. In *L'humain et l'inhumain* (pp. 97-165). Paris: Belin.

HAY, D., *Young Romantics* (2010). *The Shelleys, Byron and Other Entangled Lives*. London: Bloomsbury.

HITCHCOCK, S. T. (2010). *Frankenstein: as muitas faces de um monstro*, trad. de Henrique A. R. Monteiro. São Paulo: Larousse.

JACKSON, H. (2012). The Finising Touch. In M. Shelley, *Frankenstein Galvanized. Original 1818 Edition* (pp. 276-287). London/Liverpool: Red Rattle Books.

JANSSON, S. (1999). Introduction and notes. In M. Shelly, *Frankenstein or the Modern Prometheus* (po. VII-XXV). London: Wordsworth.

JOSEPH, M. K. (1998). Introduction and notes. In M. Shelley, *Frankenstein or the Modern Prometheus* (pp. V-XX). Oxford: Oxford University Press.

MARCEAU, M. S. (2012). Frankenstein : The Gothic Creation of an Unbridled Mind. In M. Shelley, *Frankenstein Galvanized. Original 1818 Edition* (pp. 234-327). London/Liverpool: Red Rattle Books.

MASUGA, Katy, Locke´s Child in the Carnivore's Kitchen (2012). In M. Shelley, *Frankenstein Galvanized. Original 1818 Edition* (pp. 288-299). London/Liverpool: Red Rattle Books.

MELLOR, A. K. (2003). Making a «monster»: an introduction to *Frankenstein*. In *The Cambridge Companion to Mary Shelley*. Cambridge: Cambridge University Press.

MOWATT, J. (2012). Frankenstein and the British Workers. In M. Shelley, *Frankenstein Galvanized. Original 1818 Edition* (pp. 250-256). London/Liverpool: Red Rattle Books.

OUNOUGHI, S. (2012). Robert Walton, from Ulysses to Homer: The Act of Writing in Frankenstein or The Modern Prometheus. In M. Shelley, *Frankenstein Galvanized. Original 1818 Edition* (pp. 258-269). London/Liverpool: Red Rattle Books.

OUNOUGHI, S. (2012a). Considering Reception : the definition of what an artist is not in Frankenstein or The Modern Prometheus. In M. Shelley, *Frankenstein Galvanized. Original 1818 Edition* (pp. 70-275). London/Liverpool: Red Rattle Books.

SCHOR, E. (Ed.) (2003). *The Cambridge Companion to Mary Shelley*. Cambridge: Cambridge University Press.

SHELLEY, M. (1998). *Frankenstein or the Modern Prometheus*. Edited, introduction and notes by M. K. Joseph. Oxford: Oxford University Press.

SHELLEY, M. (1999). *Frankenstein or the Modern Prometheus*. Introduction and notes by Dr Siv Jansson. London: Wordsworth.

SHELLEY, M. (2012). *Frankenstein Galvanized. Original 1818 edition*. Edited by C. Bazin with essays and commentary. London/Liverpool: Red Rattle Books.

VIELMAS, L. T. (2012). Collecting the Materials : Anatomical Practice and the Material Body in Frankenstein. In M. Shelley, *Frankenstein Galvanized. Original 1818 Edition* (pp. 328-249). London/Liverpool: Red Rattle Books.

CAPÍTULO 9

Frankenstein e a educação como fabricação [52]

José Augusto Lopes Ribeiro
Investigador Independente

Literatura Fantástica e Imaginário educacional

Convidada pelos editores para relatar a origem da história de *Frankenstein*, Mary Shelley explica a finalidade de uma ideia tão hedionda: "que falasse aos medos mais misteriosos da nossa natureza e despertasse horror arrepiante... uma que fizesse com que o leitor receasse olhar à sua volta, lhe gelasse o sangue e lhe acelerasse as batidas do coração" (Shelley, 2015: 8). A obra está carregada de sentidos e de questões acerca da condição humana: "Como uma espécie de concentrado das principais interrogações que nos inquietam quando a nossa personalidade se forma" (Bernheim, 2014: 95). Por outro lado, a propósito dos contos de fadas, Bruno Bettelheim esclarece que através da fantasia e do mundo fantástico o indivíduo luta em busca do sentido: "se esperamos viver não somente de momento a momento, mas na plena consciência da existência, então a nossa maior necessidade e a nossa mais difícil realização é encontrarmos um sentido para as nossas vidas" (Bettelheim, 1984: 9). Em *Frankenstein*, Mary Shelley recorre à literatura fantástica para dialogar com o mito de Prometeu, embora de forma fragmentada, alusiva e breve. A autora interpela-nos sobre a condição humana, nomeadamente acerca dos limites do conhecimento humano, a relação entre o homem e a natureza, a ambição desmesurada, entre outras questões. Através do "sentimento de fantástico" somos confrontados com um imaginário sobrenatural que perturba a nossa visão do mundo e nos intima à introspeção, ao auto-

---

[52] Ribeiro, J. A. L. (2015). Frankenstein e a educação como fabricação. In F. Azevedo (Coord.), *Literatura Infantil e Imaginário* (pp. 131-151). Braga: Centro de Investigação em Estudos da Criança / Instituto de Educação. ISBN: 978-972-8952-35-8.

conhecimento e à reflexão sobre o humano. Neste sentido, refletir sobre a educação a partir de *Frankenstein* é determinante para, a partir deste mito moderno, nos aproximarmos o mais possível da questão educativa. Trata-se de problematizar o que significa ser humano e em que medida o homem se "faz" ou "fabrica". Mas fazer uma criança e pretender que esta seja livre implica estar disponível para que ela, mais tarde ou mais cedo, escape à vontade e aos desígnios de fabricação do seu educador. Na medida em que, como defendeu Kant (2004), somos seres suscetíveis de educação e só nos tornamos homens pela educação, o problema é enunciado por Philippe Meirieu (2001: 14): "podemos ser educadores sem sermos Frankenstein?" Assim, a partir da obra, pretendemos analisar questões determinantes que povoam o nosso imaginário educacional contemporâneo e refletir sobre os riscos e os perigos de uma educação que trata o indivíduo como uma coisa e não como uma pessoa. A literatura ajuda-nos a pensar o Homem e as faculdades que nos fazem humanos, através do "fantástico" somos confrontados connosco próprios e interpelados acerca da natureza humana, de maneira a promover uma educação verdadeiramente humanista, que respeite a dignidade do indivíduo e fomente o seu desenvolvimento integral.

O mito da educação como fabricação

O processo civilizador da Modernidade está legitimado pela autoridade da Razão para desenvolver a engenharia social, no sentido da sociedade harmoniosa, agradável e limpa. Como afirma Bauman (2007: 49), "a ordenação – planeamento e execução da ordem – é essencialmente uma atividade racional, afinada com os princípios da ciência moderna". A ciência moderna tem como finalidade conquistar a natureza e submetê-la à vontade do ser humano e, por outro lado, se pode confiar na natureza para desenvolver verdadeiros homens. Daí que o Estado, através da educação, deve moldar o "homem novo", mediante um planeamento racional. Sobre a educação, Bauman cita o que escreveu Fitche nos seus discursos de 1806:

> "A nova educação deve consistir essencialmente nisso, no facto de que destrói completamente a liberdade do arbítrio no solo que empreende cultivar, produzindo ao contrário estrita necessidade da decisão da vontade, sendo o oposto moldá-lo e moldá-lo de tal forma que ele não

possa querer deferentemente do que se deseja que ele queira" (Bauman, 2007:75).

Pela educação, o Estado deve dar aos indivíduos a formação de uma cultura universal e conduzir as suas opiniões e os seus gostos. A escola é o lugar onde coincidem os desejos ordenadores, veiculados pelos educadores, e os "jardineiros modernos". A instituição educacional apresenta-se como mais um "canteiro de jardim", onde o objetivo é ensinar a obedecer. A educação deve conduzir da ambiguidade à clareza de sentido, da sujeira à beleza.

Nos *Discursos sobre a Educação*, Hegel faz referência aos alunos de Pitágoras que tinham de estar calados e absterem-se de pensamentos e reflexões próprios. Para o filósofo, este é o principal fim da educação: "que estas ideias, pensamentos e reflexões próprios, que a juventude pode ter e fazer, e a forma como os pode retirar de si, sejam extirpados. Assim como a vontade, o pensamento deve começar pela obediência" (Hegel, 1994: 45-46). Posteriormente, a atividade da compreensão e a capacidade de utilização devem conduzir não a uma invenção, mas à aplicação do que foi aprendido. A educação assume, pois, a tarefa prometeica de forjar o verdadeiro cidadão, membro de uma sociedade esclarecida e ordenada. Tal desígnio encontra-se implícito em diversos mitos da tradição, que se constituem como uma ilustração fecunda e orientadora da atividade humana.

O projeto da modernidade propõe-se realizar em grande escala o que nos é apresentado, de forma arquetípica, pela mitologia grega na história de Pigmalião. Para Ovídio, em as *Metamorfoses*, Pigmalião é um escultor solitário que investe todo o seu engenho e energia numa estátua de marfim que representa uma mulher cuja beleza não tem origem na Natureza. Após a conclusão da obra, o escultor comporta-se com a estátua como se esta fosse uma pessoa, o que comoveu Afrodite (deusa do amor), dando vida à estátua. A fascinação pela obra realizada permite-nos considerar Pigmalião feito à imagem do educador. Também este "constrói" um aluno que primeiramente lhe resiste, mas que progressivamente se desenvolve e alcança a sua forma. Para Meirieu, Pigmalião permite-nos compreender o mito da educação como fabricação:

"Todo o educador, sem dúvida, é sempre, em alguma medida, um Pigmalião que quer dar vida ao que *fabrica*" (Meirieu, 2001: 34).

O Prometeu Moderno

A perspetiva de Ésquilo, revela a figura de Prometeu como benfeitor da humanidade, indivíduo prudente e refletido, triunfante e desafiador. Esta figura mítica desafia os deuses e transgride a ordem divina, simbolizando a ousadia e o poder do homem sobre as coisas. Destacamos o poder transgressor de Prometeu e o seu papel na criação da consciência, já que pela desobediência personifica a capacidade de lutar "contra" a natureza, de forma a dominá-la. Enquanto pela intelectualização, simboliza o poder da passagem do homem para um nível mais elevado, ultrapassando o inconsciente animal, e manifestando potencialidades que lhe permitem moldar o meio em que vive. À semelhança de Prometeu, o homem moderno pretende a sua emancipação e tem de revelar a mesma ousadia e coragem para transformar o mundo, a sociedade e o indivíduo. Daí a crença na omnipotência da Razão e no papel transformador da educação, de maneira a criar o "homem novo" e a sociedade regenerada. A empresa educativa moderna está determinada a construir o cidadão que se adequa à nova sociedade, que encarna os valores da universalidade, da ordem e do progresso. Por outro lado, a ciência e a técnica prometem o conhecimento e o domínio das leis da natureza. Contudo, Hannah Arendt (1991:12) alerta-nos para os riscos e perigos desta utopia: "o progresso científico e as conquistas da técnica serviram para a realização de algo com que todas as eras anteriores sonharam e nenhuma pôde realizar. Mas esse milagre, por milénios esperado, ao realizar o desejo, transforma-se num pesadelo, como sucede nos contos de fada" O sonho corre o risco de dar lugar ao pesadelo, a tentativa de aceder ao segredo da fabricação do humano pode dar origem a frutos amargos.

O mito de Golem constitui um aviso acerca dos perigos inerentes à experiência de construir o homem. Segundo numerosos textos, a figura de Golem resulta da modelagem de um ser, empreendida por um rabino, a partir da argila. Para que adquirisse vida deveria ser escrita na frente a palavra Emet (verdade, em hebreu), deste modo, surgia um ser animado que se convertia em servente dócil, capaz de realizar todas as tarefas relativas à sobrevivência da comunidade. Na novela de Gustav Meyrink, citado por Meirieu, o rabino esqueceu-se de retirar da boca de Golem a inscrição que o animava e este irrompeu pelas ruas tomado de um enorme frenesim destruindo tudo à sua frente. Os seres criados para obedecer não se deixam dominar com facilidade e a criatura acaba por escapar ao controlo do criador.

A fabricação de um ser à nossa imagem implica, como nos mostra o mito de Golem sérios e perigosos riscos. Neste sentido, a obra *Frankenstein*, de Mary Shelley constitui um texto exemplar. Trata-se da história de um jovem estudante, Victor Frankenstein, que fabrica um ser a partir de corpos humanos obtidos em hospitais e cemitérios. Este rebento hediondo ganha vida e revolta-se, acabando por espalhar o terror e cometer os crimes mais horríveis.

Como nos recorda Meirieu, Frankenstein não é o monstro, mas sim o cientista ávido de conhecimento, um Prometeu moderno que desafia os deuses. Frankenstein quer ser o criador e o pai, reclamando para si a gratidão por tal obra: "a sua obra permanece sua: a sua criação é uma paternidade crispada e possessiva, quer, e essa será a sua ruína, triunfar em todos os cenários: "ser" pai e "ser criador", ambas as coisas ao mesmo tempo; conciliar a satisfação de "dar nascimento a um homem" com a de fabricar um objeto no mundo"" (Meirieu, 2001: 54). A confusão entre Frankenstein e o monstro não é um simples erro de compreensão, mas revela "a dimensão primordial da novela e do mito: inscreve o mimetismo no coração da relação de filiação" (Meirieu, 2001: 56). Porém, a relação de "fabricação" revela o seu lado infernal, o monstro reconhece o seu criador, mas recusa-se a obedecer, invertendo a relação amo-escravo. Neste momento, expõe-se a violência do projeto de "fazer" o outro, quando a educação se assume como omnipotente e não admite que o outro escape ao domínio da "fabricação": "quero-te conforme os meus projetos; quero-te para satisfazer o meu desejo de criar alguém à minha imagem ou ao meu serviço; quero-te para que faças que me sinta importante, sábio, eficaz, um "bom pai" ou um "bom professor"; quero-te para estar seguro do meu poder" (Meirieu, 2001: 56).

A criatura, "à nascença", é profundamente "boa", não revela maldade nem agressividade, encarna o "mito do bom selvagem", sonhado pela Filosofia das Luzes. Mas sente-se desamparado no mundo e abandonado pelo criador, acabando por cair no desespero. Fabricar um homem não é o mesmo que fabricar uma coisa, as consequências não foram calculadas, o ser criado tem uma vontade própria e o poder de cometer os atos mais horrorosos. Todavia, a modernidade acreditou no poder absoluto desta razão instrumental e na capacidade da instituição escolar enquanto mecanismo produtor do homem harmonioso e da sociedade regulada.

O Homem enquanto aprendiz de feiticeiro

Ao designar este clássico da literatura fantástica por *"Frankenstein ou o Prometeu Moderno"*, Mary Shelley focalizou a nossa atenção na dimensão simbólica do personagem enquanto figura que representa, à semelhança do titã da mitologia grega, a insolência e a vontade de ultrapassar os limites da justa medida, ou seja, a determinação em desafiar a moderação e forçar os segredos da natureza. Tal como Prometeu, Frankenstein revela uma ousadia desmesurada e pretende ir além das suas limitações. Assim, o jovem cientista personifica a razão tecnológica que anima o ser humano, ou seja, o desejo desmesurado de, através do conhecimento, desvendar os mistérios da natureza e, deste modo, submeter o mundo e o outro à sua vontade.

Também Robert Walton, o capitão aventureiro que recolhe Frankenstein no seu navio, está fascinado pela possibilidade do êxito da sua viagem de descoberta na direção do Pólo Norte e disposto, como o investigador, a sacrificar o seu conforto, a sua fortuna e a própria vida para conseguir dominar os elementos da natureza. Perante a expressão desta vontade por Walton e a determinação em empreender uma expedição pela região do frio e da desolação em busca da glória que resulta de um feito inédito, Frankenstein, aterrorizado, interpela o ousado navegador: "Desgraçado! Acaso partilha da minha loucura? Também bebeu a poção maléfica? (Shelley, 2015: 33). Acolhido e tratado por Walton no seu navio quando parecia condenado a morrer gelado no mar, Frankenstein recupera lentamente do seu estado de fadiga extrema e perante o sonho desmedido de aventura do capitão, decide não calar os seus infortúnios e contar a sua história, procurando, deste modo, alertar Walton para o desvario do seu próprio empreendimento e provocar a sua reflexão para as consequências imprevisíveis de tal expedição:

> "Buscais, como eu fiz, a luz e a sabedoria; e espero ardentemente que a recompensa dos vossos esforços não seja como uma serpente que vos pique, porque foi isso que me aconteceu. Ignoro, porém, se a narrativa dos meus infortúnios vos será útil, pois seguis a mesma rota que eu, expondo-vos aos mesmos perigos e podereis talvez aproveitar a minha experiência" (Shelley, 2015: 35).

A esperança de Vitor é, pois, avisar para os perigos que corre aquele que ousa desafiar a natureza, tentando despertar a consciência sobre os riscos e os desastres que daí podem advir. Por isso, ele é minucioso no seu relato, explica a sua origem genebrina, a sua pertença a importantes famílias e a sua infância feliz. Mas é a sua formação que destaca, explicando que não se contentava em contemplar a natureza e que pretendia procurar a causa das coisas:

> "O mundo era para mim um segredo que desejava conhecer. A curiosidade, o anseio forte de aprender as leis ocultas da natureza, o regozijo semelhante ao arrebatamento, tal como me foram desvendados, encontram-se entre as primeiras sensações que me recordo" (Shelley, 2015:43).

A enorme curiosidade contribuiu para a formação de um caráter inquieto e uma vontade infinita de aprender os segredos da terra e do céu, a filosofia da natureza orientou a sua vida e determinou o seu terrível destino. Porém, sentia-se descontente e insatisfeito com os seus estudos, queria saber mais. Pretendia aceder à causa final das coisas, pesquisou sobre a pedra filosofal e o elixir da vida, tendo esta questão ocupado toda a sua atenção: "a riqueza não contava para mim, mas apenas a glória da descoberta, se pudesse afastar a doença do corpo humano e tornar o homem invulnerável a tudo, excepto a uma morte violenta" (Shelley, 2015: 46-47). A quimera do jovem cientista leva-o a ultrapassar os limites tolerados da ambição humana, estudou as obras dos principais alquimistas (Cornélio Agripa, Alberto Magno e Paracelso), interessou-se pela eletricidade e pelo galvanismo. Na universidade entra em contacto com os professores Krempe e Waldman, sempre na ânsia de poder um dia realizar verdadeiros milagres. A propósito dos progressos da ciência, Mr. Waldman afirma o poder dos filósofos da natureza:

> "Penetraram nos mistérios da natureza e mostraram como ela trabalha nos seus recessos mais secretos. Sobem aos céus, descobriram o segredo da circulação do sangue e da composição do ar que respiramos. Adquiriram poderes novos e quase ilimitados; podem comandar o raio do céu, imitar o tremor da terra e mesmo zombar do mundo invisível servindo-se das próprias sombras" (Shelley, 2015: 54)

Tais palavras irão ditar, como reconhece o jovem Victor, a fatalidade que o iria destruir. Começa a sentir que a ideia do mal irá ficar associada às suas pesquisas, possuído por uma espécie de anjo do mal que exerce sobre ele um poderoso domínio. Está disposto a ir mais longe do caminho já traçado até aí pelos homens da ciência, quer descobrir novas vias e desvendar poderes desconhecidos: "revelarei ao mundo os segredos dos maiores mistérios da criação" (Shelley, 2015: 54).

A perturbação da ordem cósmica

Victor estava deslumbrado pela estrutura do corpo humano e dos seres vivos, em geral, mas a sua ambição era descobrir de onde provinha o próprio princípio da vida. Assim, aperfeiçoou aparelhos, examinou as causas da vida, da morte e da decomposição. Passava os seus dias e noites a pesquisar ossários e a explorar túmulos:

> "A minha atenção concentrou-se em todos os objetos intoleráveis à delicadeza dos sentimentos humanos. Vi como o corpo do homem se degradava. Vi a podridão da morte suceder às cores da vida; vi os vermes herdarem aquilo que foram as maravilhas dos olhos e do cérebro" (Shelley, 2015: 58).

Um dia, subitamente, deu-se o milagre: "Após dias e noites de trabalho e de fadiga incríveis, logrei descobrir o segredo da geração da vida; mais ainda, tornou-se-me possível animar a matéria" (Shelley, 2015: 59). Mas espantado pela dimensão da descoberta esqueceu todo o processo horrendo que o tinha conduzido ao êxito, "agora já só via o resultado" (Shelley, 2015: 59). Mas a desmesura da descoberta oculta a extensão dos riscos e Frankenstein adverte o seu confidente: "Ficai a saber, se não pelos meus conselhos, pelo menos pelo meu exemplo, o quanto é perigoso conhecer certas coisas" (Shelley, 2015: 59).

A alteração da ordem natural acarreta riscos e perigos incalculáveis, o homem torna-se, mediante a ciência e a técnica, num aprendiz de feiticeiro. Arrisca para além dos limites, não avalia as consequências dos seus atos, não pondera o imprevisto e está obcecado apenas pelo produto obtido, acreditando cegamente que a técnica poderá resolver todos os problemas: "quando considerava o progresso que todos os dias se dá na ciência e na mecânica, sentia-me encorajado a esperar que as minhas tentativas atuais acabassem por constituir alicerces do êxito futuro" (Shelley, 2015: 60). Frankenstein estava animado pela utopia progressista de construir um "homem novo", através da animação da matéria poderia prolongar a vida e possibilitar a existência de seres bons e felizes. A entrada na cidadela da natureza revela a insolência prometeica do homem, foram ultrapassados os limites do equilíbrio e da moderação. Ao desafiar as forças da natureza o homem traça o seu destino de infelicidade e de sofrimento. Tal como Prometeu pecou contra os deuses, ao roubar o fogo e desafiar a ordem cósmica, também sobre Frankenstein paira a maldição. A inteligência e a sabedoria são débeis perante a energia das coisas, nas palavras de Prometeu: " o engenho é, de longe, mais fraco do que a Necessidade" (Ésquilo, 2001: 56), ou seja, são as forças que governam a natureza que determinam o curso do mundo e ameaçar a ordem do cosmos significa, pois, incorrer na cólera divina. Como castigo pela sua ousadia, Prometeu será agrilhoado ao rochedo do Cáucaso e sofrerá o martírio infligido pela águia. Quanto a Frankenstein, irá padecer as maiores desgraças em consequência dos crimes hediondos cometidos pela criatura que "fabricou" e cujo comportamento não consegue controlar. Victor reconhece que o seu pai tinha razão quando o repreendeu e lhe apresentou uma regra que deve ser sempre observada:

> "Um ser perfeito deveria conservar sempre o seu equilíbrio e nunca permitir que uma paixão ou um desejo passageiro lhe perturbasse a tranquilidade. Não creio que os estudos constituam exceção a esta regra. Se o trabalho tem tendência para diminuir a nossa afeição e os nossos gostos pelos prazeres simples que nada deve perturbar, é que tal trabalho é nefasto ao espírito humano" (Shelley, 2015: 61).

Os caminhos do conhecimento revelam a sua dimensão tortuosa, o excesso e o descontrolo infringem as leis da natureza e o crime contranatura tem consequências dramáticas para a existência Humana.

O monstro quer tornar-se pessoa

Como explica José Gil, "o homem procura nos monstros, por contraste, uma imagem estável de si mesmo" (Gil, 1994: 135). O filósofo esclarece que aquilo que faz do monstro um "atrator" da nossa imaginação é o facto de se encontrar na ambiguidade entre a humanidade e a não humanidade. O autor acrescenta: "o nascimento monstruoso mostraria como potencialmente a humanidade do homem, configurada no corpo normal, contem o germe da sua inumanidade" (Gil, 1994: 135). O monstro é pensado como uma aberração e, por oposição, confirma a normalidade do homem.

Frankenstein consegue, após dois anos de trabalho árduo, dar vida a um corpo inanimado, mas o resultado foi um monstro: "como se ele fosse o anúncio da aproximação do demónio a quem eu tinha inconsideradamente dado a vida" (Shelley, 2015: 64). A hedionda criatura a quem tinha dado a vida era sinal de maus augúrios e acabaria por transformar todos os seus sonhos num inferno. Os maus prenúncios acabaram por acontecer e a tragédia abate-se sobre Victor. Em consequência, ele desejava encontrar o monstro, que se havia escapado, e vingar as mortes de William (seu irmão) e Justine (a criada injustamente acusada e condenada à morte) quando se depara nas altas montanhas com a sua criatura e esta consegue controlar o seu ódio e convence-o a ouvir a sua história.

O relato da criatura descreve o modo como progressivamente foi tomando consciência da sua existência. Assim, tal como uma criança: "vi, senti e ouvi simultaneamente; muito tempo decorreu antes de aprender a distinguir as reações dos meus diferentes sentidos" (Shelley, 2015: 113). Triste e abandonado foi aprendendo por experiência própria e, aos poucos, foi descobrindo como lidar com o seu meio ambiente. Com muita mágoa, foi percebendo o horror que causava nos outros e a brutalidade de que os homens eram capazes. Daí que o encontro da família De Lacey tenha suscitado nele o desejo de se juntar e partilhar sentimentos e anseios, mas não teve coragem. Todavia, acompanhava de longe aqueles que considerava serem seus amigos e, através da observação atenta e da imitação, foi aprendendo as palavras e depois a leitura. Sonhava em dar felicidade a estes seres que considerava superiores, ansiava o momento de se apresentar e poder ser aceite como mais um membro da família:

> "Imaginei mil maneiras de me apresentar a eles e o acolhimento que me fariam. Pensava que lhes causaria asco até ao momento em que entrasse nas suas boas graças com os meus modos agradáveis e as minhas palavras conciliadoras, e que, em seguida, ganharia a sua afeição" (Shelley, 2015: 113).

A criatura vivia entusiasmada com a sua aprendizagem, com a natureza que a rodeava e com a esperança de um dia aceder a uma comunidade humana, de maneira a tornar-se, de verdade, uma pessoa. Neste sentido, prosseguia o seu desenvolvimento espiritual e descobria, com espanto e satisfação, a arte das letras. O acesso aos livros e ao conhecimento despoletaram na criatura várias reflexões, nomeadamente acerca das capacidades do homem, dos seus vícios e das suas virtudes: "o homem seria de facto simultaneamente tão poderoso e tão virtuoso e, mesmo assim, tão cruel e tão desprezível? Em certos momentos, parecia ser uma simples encarnação do mal, noutros, o que pode conceber-se de mais nobre e de mais semelhante a Deus" (Shelley, 2015: 131). As diferentes narrativas provocavam estranhos sentimentos na criatura e suscitavam a sua consciência moral e o seu sentido ético. Abriam-se na sua mente novos horizontes e começava a compreender o sistema da sociedade. As palavras acabaram por conduzir à introspeção e ao questionamento sobre si mesmo:

> "E eu, quem era eu? Nada sabia da minha criação nem do meu criador; mas sabia que não possuía dinheiro, nem amigos, nem nada que fosse meu. Além disso, tinha um rosto hediondo e odioso. Nem sequer fora feito como os homens. (...) Eu era, então, um monstro, um objeto de horror que afugentava todos os homens? (Shelley, 2015: 131).

Mais ser igual aos outros e por eles aceite. Mas, não tivera pai nem mãe para lhe darem sorrisos e carinhos: "nunca vi um ente que se parecesse comigo ou quisesse contactar-me. Quem era eu? (Shelley, 2015: 132). Tinha encontrado na floresta, dentro de uma mala, livros que produziram efeitos maravilhosos no seu espírito, estas obras eram: *O Paraíso Perdido*, de John Milton; um volume das *Vidas dos Homens Ilustres*, de Plutarco e *Os Sofrimentos do Jovem Werther*, de Goethe. A propósito do seu efeito, a criatura afirma: "posso dificilmente explicar o efeito que tais livros produziram em mim: inspiraram-me uma quantidade de sentimentos novos que, por vezes, me arrebatavam de entusiasmo mas, quase sempre, me mergulhavam na maior tristeza" (Shelley, 2015: 140). À medida que ia lendo procurava aplicar as ideias aos seus próprios sentimentos e condição. Porém, o seu espírito não estava verdadeiramente formado e ele não tinha qualquer relação com os outros, como explica Meirieu: "fabricar um homem é um empreendimento insensato, bem o sabemos. E, portanto, é também um empreendimento quotidiano, cada vez que queremos "construir um sujeito adicionando conhecimentos", ou "fazer um aluno empilhando os saberes" (Meirieu, 2001: 12). Victor Frankenstein não sabia o que fazia, fabricar um homem e abandoná-lo é correr o risco terrível de criar um monstro: "e depois? O que fazemos com essa vida tão carinhosamente fabricada? O que é que lhe damos para viver? Como é que a despertamos para o esplendor do dia?" (Bernheim, 2014: 90) A estatura gigantesca e a fealdade tornavam a criatura hedionda e despoletavam interrogações fundamentais: "O que significava isto? Quem era eu? O que era eu? De onde vim? Qual o meu destino? (Shelley, 2015: 140). Pensava e sentia como um homem, mas não era reconhecido pelos outros como uma pessoa, não tinha nenhum laço com os outros seres. O desenvolvimento da inteligência e da consciência moral agravavam o sentimento de enorme injustiça que experimentava por parte dos outros, mesmo daquele que o criou, e, no seu sofrimento, exclamou: "Dia odioso em que recebi a vida! (…) Maldito criador! Porque fizeste um ser tão hediondo de quem tu próprio te afastas desgostoso?" (Shelley, 2015: 142).

A "máquina infernal"

A criatura sente a repulsa e o horror que provoca nos outros e sofre profundamente a solidão que lhe é imposta, mas continua a ter esperança que os seus sentimentos sejam compreendidos e que a sua tristeza possa ser atenuada. Contudo, as suas tentativas de ser admitido no mundo fracassaram sempre, as pessoas reagiam violentamente ao seu aparecimento e a fé que depositava na família De Lacey foi mais um desastre que levou a criatura a uma cólera extrema. A sua revolta deu origem a um ódio assassino: "Todos, excepto eu, descansavam ou sentiam-se felizes; mas eu, como Satã, levava o inferno no coração; desejava partir as árvores, arrasar e destruir tudo quanto havia à minha volta, para poder depois alegrar-me com tal ruína". Como ninguém o compreendia ou aceitava, o monstro declara os homens como seus inimigos: "a partir desse momento declarei guerra sem tréguas à espécie e, mais do que a qualquer outro, àquele que me criara e me atirara para esta insuportável miséria". O seu coração transborda de ódio e desejo de vingança, a criatura torna-se uma espécie de "máquina infernal" cuja raiva assassina irá espalhar o terror e o caos entre os homens. A sua bondade tinha desaparecido, em seu lugar havia amargura e violência, e crescia nele o espírito de vingança, tinha jurado um ódio eterno a toda a humanidade.

A fabricação de Victor tinha constituído um abalo na ordem da natureza, em vez da harmonia, agora instala-se uma anomalia, uma monstruosidade. A curiosidade sem limites e a ambição desmesurada de controlo conduziram o jovem cientista a desafiar as leis do mundo. A existência do monstro era "um monumento vivo à presunção e à ignorância irrefletida" (Shelley, 2015: 87). Quando, pela ciência e tecnologia, o homem força os limites naturais as consequências são imprevisíveis e o mundo pode tornar-se um lugar inóspito. Apesar das boas intenções que sempre animaram Frankenstein e da sua crença no poder do conhecimento, as consequências revelaram-se nefastas. Afinal, a ambição científica requer moderação, equilíbrio e reflexão ética. Ao pretender criar um mundo artificial e um "outro" artificialmente, o ser humano desvaloriza a complexidade do real, os fatores imponderáveis, os riscos e os perigos de tal empreendimento. Por isso, Victor é assaltado pelo desespero e pelo remorsos e, tal como Prometeu, é apossado pelo sentimento de culpabilidade. Ele também se sente um monstro e lamenta as atrocidades que resultaram da sua febril imaginação.

O criador tem obrigações para com a criatura, não é suficiente colocar alguém no mundo e depois pretender que ele se comporte em função das nossas expectativas. O novo ser tem vontade própria, pensa e sente autonomamente e necessita de acompanhamento, afeto e reconhecimento. Não é um objeto, mas um ser vivo, necessita de ajuda e compreensão: "também pela primeira vez" – afirma Frankenstein - "senti quais eram os deveres de um criador para com a sua criatura e que devia torná-la feliz antes de me queixar da sua perversidade" (Shelley, 2015: 112). Victor tinha cometido uma falta imperdoável, confundiu "fabricação" e "educação". Construir um mundo artificial não significa, necessariamente, que o mundo se torna mais humanizado. A ideologia do progresso alimenta o nosso imaginário utópico e apresenta promessas de um paraíso na terra, mas a história tem mostrado o lado negativo desta crença cega num "mundo feliz" e num "homem novo".

Homem sem mundo

Ao pretender construir um "novo mundo" e um "novo homem", através da confiança ilimitada na ciência e na técnica, o homem quebrou a harmonia da natureza e produziu as maiores das monstruosidades. A manipulação descontrolada da natureza ignorou que o homem faz parte do mundo natural. Assim, qualquer atentado contra a vida tem repercussões negativas na existência e a humanidade arrisca a sua própria aniquilação. A ambição do homem incutiu em nós a crença de que tudo o que podemos realizar também nos está permitido fazer. Todavia, os desastres ecológicos ou a escalada do armamento atómico revelam que os limites foram ultrapassados, por isso, como explica Gunther Anders, vivemos num mundo que se encontra acima de nós, este é um mundo tecnológico: "a técnica converteu-se na atualidade no sujeito da história" (Anders, 2011: 13). O homem torna-se supérfluo e fracassa constantemente nas suas tentativas de integrar o mundo. O desequilíbrio provocado pela transformação tecnológica conduziu a um mundo no qual não temos lugar. Frankenstein simboliza esta ruptura com a natureza, ao forçar a ordem cósmica ele acaba por criar um monstro e agora arruinou o seu lugar no mundo. A sua vida perdeu sentido e a existência tornou-se um suplício, logo após ter dado vida à sua criatura o cientista confessa a sua angústia e o seu sofrimento: "os meses de verão decorreram assim. Foi maravilhoso, jamais as colheitas e as vindimas foram melhores. Mas eu era insensível ao encanto da natureza e esquecia também os meus amigos" (Shelley, 2015: 61). A sua tranquilidade foi definitivamente abalada e o mundo tornou-se um lugar estranho. Tinha perdido a alegria e o entusiasmo, vivia atormentado pelas consequências horrorosas da sua ousadia científica e receava a todo o momento que novos crimes fossem cometidos pela sua hedionda criatura, tinha-se tornado um escravo da sua obra, a criatura ameaça o seu criador:

> "Queres matar-me! Como te atreves a brincar assim com a vida? Cumpre o teu dever para comigo, que eu cumprirei o meu para contigo e para com o resto da humanidade Se quiseres subordinar-te às minhas condições, deixar-te-ei em paz; mas se recusares, saciar-me-ei no sangue dos amigos que te restam!" (Shelley, 2015: 110).

Victor Frankenstein tinha lançado um assassino no seio da sociedade, a desordem estava instalada e a existência tornou-se um suplício. Tal como o monstro não encontrava o seu lugar no mundo, também Victor Frankenstein deixou de ter sossego e de poder gozar a sua vida, estava privado para sempre da sua felicidade. Como restabelecer a ordem perdida? Como conquistar de novo a harmonia? Qual a resposta para tanta crueldade? Agora, o monstro exige uma companheira, a criação de alguém igual a ele que lhe possa fazer companhia, com quem possa viver e trocar sentimentos de afeição. Para a reparação do mal, o monstro impõe a Frankenstein a continuação de um procedimento cujos resultados tinham sido desastrosos e dos quais se arrependia.

Mas será que os problemas técnicos se resolvem sem discussão das suas implicações éticas? Não existem limitações à atuação da técnica? Por isso, Frankenstein recusa esta solução: "nenhum suplício me forçará a fazê-lo. Criar um outro ser, semelhante a ti, e cuja crueldade reunida à tua poderia arrasar o mundo!" (Shelley, 2015: 157). Mas monstro persuade Victor, as suas promessas garantem o fim dos crimes e o restabelecimento da ordem. Convencido dos benefícios deste empreendimento, Frankenstein inicia uma nova criação, de maneira a apaziguar a criatura e a obter a paz perdida. Afinal, como seu criador não lhe tinha dado toda a felicidade que estava ao seu alcance, sentia-se em dívida e devia tentar a última oportunidade. Por outro lado, estava arrependido do mal causado aos homens e a sua culpabilidade exigia uma reparação. Deste modo, retorna a esperança de uma vida pacífica e humana: "Sentia a impressão de ter rompido com a humanidade; todavia, mesmo assim, gostava dos homens até à adoração; e, para salvá-los, decidi consagrar-me ao trabalho detestado" (Shelley, 2015: 161). Repete-se o paralelismo com o titã Prometeu, Victor assume-se um benfeitor da humanidade e está disposto a sacrificar-se em nome dos homens. O sonho prometeico volta a ocupar a sua mente e a orientar a sua conduta. A sua existência ganha um novo fôlego, volta a encontrar sentido para a sua vida e decide contrair matrimónio com Elizabeth. Mas, durante as suas viagens preparatórias da empresa sobrenatural, Victor liberta-se da escravidão da sua criatura e no seu espírito desenvolvem-se reflexões clarividentes acerca dos resultados de mais um feito atroz: "ia formar um outro ser cujo caráter ignorava, podia tornar-se ainda mais cruel do que o companheiro" (2015: 181). O discernimento do seu pensamento mostra-lhe a imoralidade da sua tarefa, as consequências nefastas do seu projeto. Decide, pois, quebrar a sua promessa e enfrentar a cólera do monstro, de maneira a salvaguardar as gerações futuras de uma nova maldição. Contudo, perante a destruição daquela que seria a sua "Eva", o monstro enfurecido declara:

> "Escravo! Cheguei a refletir na tua companhia, mas tu mostras-te indigno da minha condescendência. Não esqueças que sou forte; tu julgas-te infeliz, mas posso tornar-te tão miserável que até detestarás a luz do dia. Tu és o meu criador mas eu sou o teu senhor. Obedece!" (…) "Passarás a vida no medo e na mágoa e, em breve, cairá o raio que te arrebatará para sempre a felicidade" (Shelley, 2015: 183).

Mas o "Prometeu Moderno" está disposto ao sacrifício em nome da humanidade e resolve lutar contra a hedionda criatura. Devido à sua ousadia, Frankenstein tinha-se tornado um "homem sem mundo". Caminhando ao longo da praia, o seu pensamento atormentado manifesta a incapacidade de encontrar tranquilidade na terra: "Desejei poder passar o resto da minha vida naquele rochedo árido, enfastiado, é certo, mas sem ser interrompido por um súbito abalo do infortúnio" (Shelley, 2015: 184). Este é o castigo que tem de enfrentar pela sua audácia desmesurada, sofrer as maiores misérias e tornar-se um estranho no mundo. Por isso, sofrerá a morte de Clerval, seu melhor amigo e de sua mulher, na noite de núpcias. A culpabilidade toma conta de todo o seu ser e tudo em nome da humanidade que se propunha salvar. A existência tinha-se tornado odiosa e agora já só vivia para se vingar do monstro.

Frankenstein não está sozinho

Numa das últimas cartas à sua irmã Margaret, Robert Walton reconhece que a história de Frankenstein é estranha e terrível. A existência de um tal monstro só pode causar admiração e terror. Apesar de tudo, o capitão aventureiro sente uma certa atração pelas particularidades da formação da criatura, mas Victor recusa: "Estais louco, meu amigo? (…) Onde vos conduz a vossa curiosidade insensata? Quereis também criar para vós e para o mundo um inimigo? Deixei-vos disso! Escutai os meus infortúnios e não procureis aumentar os vossos!" (Shelley, 2015: 226). Frankenstein já provou o "veneno" da serpente, reconhece a culpa dos seus planos audaciosos de querer criar a vida, por isso adverte Walton para os perigos da ambição grandiosa e imprudente. Neste sentido, o capitão simboliza todos aqueles que partilham o "sonho prometeico" de Frankenstein e, como ele, estão dispostos a sacrificar a vida em nome da glória, do conhecimento e do progresso. Através dos grandes feitos o homem pretende tornar-se omnipotente, alcançando um domínio da natureza e dos outros, mas esta audácia é desmesuradamente perigosa, provocando desequilíbrios irreversíveis. Antes de morrer Frankenstein reafirma as razões que o levaram a recusar a criação de uma companheira para o monstro:

> "Durante estes últimos dias, pensei na minha conduta passada e não a acho censurável. Numa crise de entusiasmo e de loucura dei vida a uma criatura dotada de razão e devia garantir-lhe, dentro do possível, a felicidade e o bem-estar. Era o meu dever, mas tinha outro maior ainda: o meu dever para com os meus semelhantes. Impelido por este sentimento, recusei, e tive razão ao não dar uma companheira àquele primeiro ser. Ele foi de uma crueldade e de um egoísmo sem paralelo; matou a minha família e os meus amigos; não sei onde parará a sua sede de vingança. Já que é infeliz, deveria morrer para deixar de fazer sofrer os outros" (Shelley, 2015: 233).

Frankenstein considera que era sua tarefa destruir o monstro, pondo fim às suas atrocidades e livrando a humanidade desta horrível ameaça. Por isso, pede a Walton que seja ele a realizar este desígnio. Na sua derradeira despedida, Frankenstein deixa um conselho ao capitão: "Procurai a felicidade na tranquilidade e evitai a ambição, mesmo se ela for apenas o desejo inocente de se distinguir na ciência" (Shelley, 2015: 234). O conselho de Victor é um alerta em relação à vontade do homem se ultrapassar os limites e desafiar as leis da natureza, sem atender aos riscos e aos perigos que possam resultar da ciência e da técnica. Trata-se de trazer o homem ao bom senso, procurando devolver à sociedade uma harmonia perdida.

Estamos a criar monstros?

A ousadia prometeica simboliza a ambição humana em dominar a natureza e transformar a sociedade e o indivíduo. A ideologia subjacente ao racionalismo técnico constituiu-se como uma panaceia para todos os problemas do homem. As metas fixadas e as expectativas criadas em nome do progresso e do aumento do bem-estar revelaram, demasiadas vezes, resultados contrários e o fracasso das propostas. As sociedades pós-modernas manifestam, deste modo, deceção, ceticismo e cansaço em relação à promessa prometeica. Para Gunther Anders (2011), a obsessão pela transformação conduziu a um mundo que muda sem o homem, acabando por se transformar num mundo sem nós. O homem está, pois, condenado a viver como uma coisa num mundo absolutamente dominado pela tecnologia. Como observa Hannah Arendt acerca do projeto da modernidade, o progresso da ciência deixou de coincidir com o progresso da humanidade, tal como *"o progresso da investigação poderá acabar na destruição de tudo o que fundamentalmente conferia valor ao saber"* (Arendt, 2014: 38). O empenho da Modernidade em tornar o homem "dono e senhor da natureza" exacerbou o desejo de conhecimento e a vontade de interferir e controlar o mundo e os outros. Contudo, temos de nos interrogar: até que ponto será bom para a humanidade este inexorável e acelerado avanço da ciência e da tecnologia? Será que a sensatez humana consegue manter-se a par do progresso científico? Estará o progresso a ultrapassar os limites e a desumanizar a sociedade e os indivíduos?

Como vimos, Mary Shelley alerta-nos para os riscos e perigos da "fabricação", mostrando-nos o lado negro da exploração desmesurada da natureza. Em *Frankenstein*, as consequências negativas não são devidamente avaliadas e um projeto científico, desenvolvido com as melhores das intenções, pode transformar o ser humano num aprendiz de feiticeiro. A ultrapassagem de certos limites altera os acontecimentos de forma imprevisível e incontrolável, acabando por provocar danos terríveis, comprometendo o equilíbrio da vida e convertendo o mundo num lugar hostil, onde a existência se torna dolorosa e sem sentido.

Ao longo da nossa reflexão procuramos articular estas questões com a temática educativa, de maneira a problematizar o que significa ser humano ou a utopia de "fabricar" o outro, moldando o indivíduo sem respeitar a sua personalidade. A educação não pode estar limitada a um só fim como se fossemos objetos e "encolhendo a alma da pessoa". Temos de cultivar no aluno as qualidades humanas, promovendo não só as capacidades de cognitivas, mas também o pensamento crítico, a imaginação, as emoções ou a empatia pelos outros. Daí que na contemporaneidade estejamos a viver uma crise educativa sem precedentes, pois a sociedade está demasiado automatizada, a tecnologia é encarada como a solução para todos os nossos problemas, as pessoas afastam-se da natureza e de si próprias, vivendo num mundo cada vez mais artificial e desumanizado, onde o comportamento é ditado pelas coisas. Vivemos rodeados por máquinas, ao ritmo da máquina e desenvolvendo uma "psicologia das coisas". O nosso mundo é um mundo técnico, onde as coisas adquirem um estatuto cada vez mais importante, em detrimento da pessoa. Este desnível entre o homem e a máquina tem vindo a aumentar vertiginosamente sem que as sociedades questionem verdadeiramente os perigos e as consequências nefastas, como se os mecanismos fossem neutrais, inócuos e apenas meios que o homem controla. Contudo, este controlo é aparente e, muitas das vezes, somos nós que acabamos por ser "dominados" pela tecnologia, perdendo aos poucos aquilo que nos torna humanos.

Assim, a entrada no mundo e na cultura sempre foi realizada através da mediação do adulto, mas nos nossos dias a crianças e os jovens escapam à intervenção dos adultos e conquistam, através da tecnologia, um mundo próprio. Trata-se de uma realidade virtual onde tudo é imediatamente dado, sem esforço e de modo lúdico e vertiginoso. Deste modo, o indivíduo cresce sem que o seu desenvolvimento seja devidamente acompanhado em termos cognitivos, emocionais e sociais.

Nos nossos dias, é o ecrã que serve como espelho para a hipersubjetividade e o indivíduo encontra nas novas tecnologias o deslumbramento da extensão ilimitada de si próprio. O prolongamento da sua imagem através do uso contínuo da parafernália tecnológica converte o ser humano numa espécie de servomecanismo. As modificações a nível afetivo, cognitivo, social e de relação com o mundo transportam o seu ser para um universo onírico e, como alerta Marshall McLuhan (2008), a pessoa mergulha num estado de entorpecimento, de insensibilidade e de desrealização. O mundo é oferecido em estado líquido e a satisfação é imediata. O indivíduo deixa de se confrontar com obstáculos, a realidade virtual não tem atrito, não exige esforço. Trata-se de um universo plano, limpo e irresistível, onde a liberdade é total e o prazer intenso. Os jovens tornam-se imediatamente vítimas da omnipresença da tecnologia e encontram no computador e, principalmente, no telemóvel um universo artificial que lhes permite escapar ao mundo da vida e à autoridade do adulto (pais e professores), o fosso geracional aumenta através do fosso tecnológico. Tal como a criatura foi abandonada por Frankenstein e não cultivou verdadeiramente a sua humanidade, temos de interpelar a sociedade contemporânea acerca dos riscos e dos perigos de deixar as crianças e os jovens à mercê da tecnologia, incapazes de uma utilização moderada e crítica dos gadgets eletrónicos e impossibilitando o acompanhamento responsável por parte dos adultos. Temos de ponderar seriamente os inconvenientes de uma utilização desmesurada dos artefactos, de maneira a evitar o crescimento da insensibilidade moral e da desresponsabilização dos indivíduos. Em nome do desenvolvimento tecnológico, será que estamos a sacrificar o humano? Ao enveredar por uma progressiva "ciborguização", o homem tecnológico arrisca-se à criação da não-pessoa, uma espécie de ser "frankensteiniano" cuja alma é esvaziada e o indivíduo se torna uma "coisa".

Referências

ANDERS, G. (2011). *La Obsolescencia Del Hombre. Sobre el alma en la época de la segunda revolución industrial*. Trad. J. Monter Pérez. Valencia: Pre-Textos.

BAUMAN, Z. (2007). *Modernidade e Ambivalência*. Trad. de Marcus Penchel. Lisboa: Relógio D'Água Editores.

BERNHEIM, C. (2014). *Mary Shelley*. Trad. de José Alfaro. Lisboa: Antígona.

BETTELHEIM, B. (1984). *Psicanálise dos Contos de Fada*. Trad. de C. Humberto da Silva. Amadora: Livraria Bertrand.

ÉSQUILO (2001). *Prometeu Agrilhoado*. Trad. de A. Paula Quintela Sottomayor. Lisboa: Edições 70.

GIL, J. (1994). *Monstros*. Trad. de J. Luís Luna. Lisboa: Quetzal Editores.

HANNAH, A. (1991). *A Condição Humana*. Trad. de R. Raposo. Rio de Janeiro: Forense Universitária.

HANNAH, A. (2014). *Sobre a Violência*. Trad. de Miguel Serras Pereira. Lisboa: Relógio D'Água Editores.

HEGEL, G. W. F. (1994). *Discursos Sobre a Educação*. Trad. de Maria Ermelinda Fernandes. Lisboa: Edições Colibri.

IMMANUEL, K. (2004). *Sobre a Pedagogia*. Trad. de João Tiago Proença. Lisboa: Alexandria.

KERÉNYI, K. (2011). *Imágenes Primigenias de la Religión Griega IV. Prometeo. Interpretación Griega de la Existencia Humana*. Trad. de Brigitte Kieman. Madrid: Sextopiso.

MCLUHAN, M. (2008). *Compreender os Meios de Comunicação. Extensões do Homem*. Trad. de José Miguel Silva. Lisboa: Relógio D'Água Editores.

MEIRIEU, P. (2001). *Frankenstein Educador*. Trad. de Emili Olcina. Barcelona: Editorial Laertes.

SHELLEY, M. (2015). *Frankenstein*. Trad. de João Costa. Lisboa: Asa.

CAPÍTULO 10

Da inutilidade e perigosidade da Imaginação em *Hard Times* de Charles Dickens [53]

Armando Rui Guimarães
Universidade do Minho

Imaginemo-nos na Inglaterra Vitoriana

O romance *Tempos Difíceis,* publicado em 1854, surge hoje como um romance perfeitamente actual, como uma poderosa e satírica alegoria à «Época Mecânica» de que falava Thomas Carlyle que, em *Sinais dos Tempos* (1829), lembrava que "o homem perdeu por completo a sua *alma* e, agora, passado o devido tempo, começa a descobrir que necessita dela!" (Carlyle, in Furtado, 1992: 51). E mais à frente continua Carlyle que vivemos numa época de concorrência em que nós, "Por toda a parte, esquecemos totalmente que o *pagamento a dinheiro* não é o único elo de ligação entre seres humanos" (ibidem: 52. A escrita de *Tempos Difíceis* foi antecedida por uma visita do escritor ao Norte industrial de Inglaterra (cf. Schelston, 1993: 104; Thorhold, 2000: IX-XI; Flint, 2003: XXXVIII).

A razão da recepção menos entusiasta de *Tempos Difíceis* deve-se ao facto de os leitores e os críticos terem visto, na crítica de Dickens à industrialização e à situação dos trabalhadores, um potencial incentivo à violência entre classes. Para as classes médias vitorianas era mais fácil e reconfortante viverem iludidas que tudo estava bem na «oficina do mundo» como era então conhecida a Inglaterra. Esta obra, com o grotesco da sua crítica cómica, perturbou "não só os conservadores e os satisfeitos

---

[53] Guimarães, A. R. (2015). Da inutilidade e perigosidade da Imaginação em *Hard Times* de Charles Dickens . In F. Azevedo (Coord.), *Literatura Infantil e Imaginário* (pp. 153-171). Braga: Centro de Investigação em Estudos da Criança / Instituto de Educação. ISBN: 978-972-8952-35-8.

consigo próprios, mas todos aqueles que só queriam rir e chorar, mas não pensar" (Johnson, 1991: 189).

É certo que Charles Dickens queria entreter as pessoas com os seus romances pois este era, afinal, o seu ganha-pão. Mas a par do entretenimento vinha, por um lado, uma intranquilizadora chamada de atenção para as condições sub-humanas de vida dos trabalhadores e, por outro, uma invectiva contra a Escola de Manchester e o Utilitarismo reinante que estão por detrás dessa concepção de vida e do valor do trabalho. Esta atenção aos tempos presentes é indicada logo pelo título completo da obra («*Hard Times. For These Times*»: *Tempos Difíceis. Para os Dias de Hoje*) e o romance é adequadamente dedicado a Thomas Carlyle. É neste contexto que se compreende o famoso comentário de Lorde Macauly que *Tempos Difíceis* não passava de «socialismo rabugento" (cf. Shelston, 1993: 104).

Estamos em plena Revolução Industrial que foi uma ocasião de muitas descobertas e invenções. Segundo Sellar e Yeatman, "A mais memorável de todas elas foi a descoberta (feita por todos os homens ricos de Inglaterra de uma só vez) que as mulheres e as crianças podiam trabalhar vinte e cinco horas por dia nas fábricas sem que muitos deles morressem ou ficassem excessivamente deformados. Isto ficou conhecido por Revolução Industrial e mudou completamente o rosto do Norte de Inglaterra" (cit. in Dugan, 2000: 98).

Se todas as épocas são sempre problemáticas – óbvia e directamente para aqueles que as vivem – , o período vitoriano foi, de um modo muito mais acentuado, uma época de extremos, ou como escreveu Monica Charlot, tratou-se da "sociedade «dualista» por excelência" (Charlot, 1995: 8), marcada por um equilíbrio instável e por grandes dicotomias e contradições: a defesa acérrima da liberdade individual ao lado de uma descarada exploração do indivíduo; a defesa do casamento e da família ao lado de uma elevada taxa de prostituição; a apologia da educação ao lado da exploração da mão-de-obra infantil; o agnosticismo ao lado do desejo de acreditar; a opulência do patronato ao lado da miséria e da exploração da classe trabalhadora (cf. Furtado, 1992: 13). Na época que foi, de todas, a mais ciosa da liberdade individual, para os pobres "a única verdadeira liberdade era a liberdade de morrer à fome" (Sanders, 2005: 537).

São numerosos os temas que trata: trata das teorias económicas da Escola de Manchester e do Utilitarismo, da industrialização, de educação, do urbanismo industrial, da família, do casamento, das leis do divórcio, das classes sociais, do Parlamento e dos novos lugares criados para as cidades industriais, da necessidade de imaginação e de entretenimento. Vemos oporem-se claramente duas visões da vida e do mundo: por um lado, temos a visão dominante do materialismo (exemplificada em Josiah Bounderby, industrial e banqueiro) e a do pensamento estatístico, abstracto e desligado da realidade viva dos homens (exemplificado em Thomas Gradgrind, um utilitarista ferrenho); do outro lado, encontramos uma visão alternativa da realidade humana centrada na figura de Sissy Jupe, uma filha do Circo e que Charles Dickens, nos rascunhos que até nós chegaram, havia designado como o *"Poder da Afeição"* (Dickens, 2003: 293).

Através de personagens como Gradgrind e Bounderby, Charles Dickens condena e ataca a aliança entre o Utilitarismo e uma teoria económica de livre iniciativa individual, que abominava qualquer tipo de intervenção (e pior ainda, de restrições) por parte do Estado. A prosperidade da Grã-Bretanha dependeria, então, de uma política de trabalho barato que geraria grandes lucros, como de facto se verificou e que permitiu, pela acumulação de extraordinária riqueza, dar à *The City* de Londres o papel de «banqueiro do mundo" (cf. Plessis, 1995: 181-193). Mas para homens como Carlyle, Charles Dickens e John Ruskin, as consequências desta aliança entre uma teoria económica do *laissez-faire* e do Utilitarismo tinha terríveis consequências: um egoísmo exacerbado, o antagonismo entre patrões e operários, a crença que as terríveis condições de trabalho eram justificadas por leis «científicas», o tratamento dos trabalhadores («Hands») como meras unidades de cálculo e sujeitos a uma análise e controlo rigoroso e opressivo.

Uma outra crítica contundente de Charles Dickens em *Tempos Difíceis* tem a ver com a absolutização das estatísticas que serviam de base e justificação para tomar decisões independentemente das consequências que tais decisões pudessem efectivamente ter na vida das pessoas. Embora Charles Dickens reconhecesse que as estatísticas são necessárias e importantes, aqui critica a sua utilização como uma tecnologia do conhecimento disciplinador, como um mecanismo moral e político para controlo e vigilância das pessoas, percepção esta que lembra *avant la lettre* a Michel Foucault.

Esta estratégia de controlo dos trabalhadores encontra-se presente no controlo dos filhos dos trabalhadores através do sistema educativo. "Dickens mostra a inter-relação das ideologias política e educativa: as crianças, como os trabalhadores, são tratadas como unidades; ambos devem aceitar vidas duramente limitadas". De facto, em 1846, havia-se iniciado um programa de formação de professores certificados e a primeira fornada a sair foi exactamente em 1853. Assim, "A crítica de Dickens ao treino árido e ensino subsequente, com ênfase excessiva na memória e no acumular e uma falta de imaginação, eram amplamente partilhadas" (Thorhold, 2000: XIII). Estas escolas procuravam inculcar nas crianças, a partir dos sete anos, qualidades tais como amor ao trabalho, conhecimento, habilidade, poupança, temperança, respeito pela propriedade e previdência.

No lado oposto, Charles Dickens oferece-nos Sissy Jupe e a trupe com quem ela vivia. Era uma outra visão e posicionamento perante a vida, com espaço e tempo para a imaginação, para o entretenimento e para os afectos. É o reconhecimento que há mais coisas na vida do que só trabalhar e que as pessoas têm sentimentos, desejos, receios, aspirações que não são nem podem ser mensuráveis por algum cálculo hedonista e utilitarista nem averiguado e só justificado estatisticamente.

"Para Dickens, a imaginação (uma coisa muito diferente da vã fantasia de Bounderby), e uma resposta imaginativa, é uma parte essencial do ser humano. Esta oposição da razão e imaginação é, naturalmente, um tema muito familiar na literatura anterior, especialmente do período romântico." (...) E mais à frente: "Até ainda mais crucial para Dickens como o era para Wordsworth, é o desenvolvimento das emoções através da imaginação e especialmente da simpatia altruísta" (Thorhold, 2000: XV). Uma *griffe,* tipicamente dickenseana, é este jogo de opostos: facto *versus* fantasia; razão fria *versus* imaginação; cabeça *versus* coração. E no romance encontramos esta oposição em dois alunos da escola de Thomas Gradgrind: Sissy Jupe *versus* Bitzer.

Isto não significa que Charles Dickens fosse um idealista e que não conhecesse bem o material de que somos formados. O que ele não acreditava é em respostas ou soluções unilaterais para os problemas concretos de homens e mulheres de carne e osso e que não são meros números de uma qualquer estatística.

Para Charles Dickens, portanto, uma razão desencarnada, assim como uma imaginação desenfreada, são os dois perigos a evitar. "Ele desconfiava da razão e da teoria, mas transformou a compaixão e a boa disposição do coração em virtudes supremas" (Evans, 1978: 247). Desta mesma análise comunga Edgar Johnson quando escreve que "As suas simpatias estiveram sempre do lado da riqueza e da variedade da vida e da natureza humana. Ele elogiou tudo o que era fecundo e criativo, odiando toda aquela generosidade e compreensão deformadas. Ele insistiu em avaliar os esforços das reformas em termos do verdadeiro bem-estar humano; ele não tinha paciência com teorias que sacrificavam as pessoas em nome de abstracções" (Johnson, 1991: 190).

O enredo de *Tempos Difíceis*

Hard Times é o único romance de Charles Dickens em que a acção não se passa de todo em Londres, mas sim numa cidade industrial imaginária chamada Coketown, situada no Norte de Inglaterra. Os principais personagens são Thomas Gradgrind, um político e educador inspirado no utilitarista James Mill e que acredita que a educação deveria ser só prática e factual sem qualquer lugar para a imaginação, os afectos e a emoção. Ele casou a sua filha Louisa com um industrial sem escrúpulos, Josiah Bounderby, um *self-made man* tipicamente vitoriano que do nada se fez um rico industrial e banqueiro, e cuja filosofia de vida é semelhante à de Thomas Gradgrind no sentido em que não há lugar algum para o sentimento humano e para a solidariedade na condução dos seus negócios.

Louisa aceita casar com Josiah Bounderby apesar da grande diferença de idades, porque as estatísticas garantiam um bom casamento e porque com este casamento poderia ajudar o irmão Tom que, devido à educação que teve, se transformou numa pessoa calculadora, sem princípios e egoísta. Presa num casamento sem amor e sem paixão, Louisa quase que é seduzida por um candidato a político vindo de Londres, James Harthouse, que só se queria divertir numa terra sem qualquer encanto ou atracções.

Frente a este mundo frio, calculista, estatístico e egoísta, aparece-nos um circo ambulante, pertença de um tal Sr. Sleary e onde vivia com o pai uma menina chamada Cecilia, ou Sissy Jupe. Esta criança e o circo que está por detrás dela representam o companheirismo humano, a empatia e a compaixão, num clima e ambiente de pertença e de solidariedade, apesar de todas as dificuldades materiais por que passavam. Esta menina, assim que o pai a abandonou, é adoptada pelos Gradgrind. Apesar de todos os esforços daquela família para a «normalizar», Sissy Jupe mantém vivo o carinho e o afecto por todos e será ela quem dará provas de coragem ao salvar Louisa de cometer adultério com Harthouse e depois salvará Tom, o irmão de Louisa, de ser preso por ter roubado o Banco do cunhado, ajudando-o a fugir de barco para as Américas. Confrontado com estas situações, o mundo de Thomas Gradgrind desfaz-se: a descoberta e confirmação que a sua filosofia de vida destruiu a felicidade da filha e transformou o filho num criminoso, levam-no a questionar as suas crenças.

Há outros personagens como Stephen Blackpool, um operário honesto e honrado que é vítima do sistema de vida de Gradgrind e Bounderby e da criminalidade de Tom; uma governanta, a Sra Sparsit, que procura manipular e controlar Josiah Bounderby e que despreza o seu novo-riquismo; Bitzer, aluno e seguidor coerente e fiel da filosofia de Gradgrind; e outros personagens que, cada um seu modo e medida, vão mostrando ao longo do romance os estragos e os danos causados pela falta de imaginação, de afecto e de empatia.

Da Inutilidade e Perigosidade da Imaginação

"Agora, o que eu quero é Factos. Ensine a estes rapazes e raparigas nada mais do que Factos. Para a vida, só precisamos de Factos. Nada mais seja plantado e exterminemos todo o resto. Só se pode formar a mente de animais racionais com Factos: nada mais será útil para eles. Este é o princípio que eu uso para criar os meus filhos, e é este o princípio que uso para criar estas crianças. Restrinja-se aos Factos, senhor!" (I,I).

É assim, directamente e sem rodeios, que Charles Dickens abre o primeiro capítulo de *Tempos Difíceis*, muito adequadamente intitulado «A única coisa necessária», colocando estas palavras na boca de Thomas Gradgrind quando este se encontra na sua escola a fazer perguntas a alguns alunos perante o professor e um inspector escolar. Os alunos são descritos como "pequenos vasos devidamente ordenados, prontos para lhes serem despejados galões imperiais de factos até ficarem completamente cheios".

No Capítulo II, «A matança dos inocentes», é feita a descrição psicológica de Thomas Gradgrind: "Um homem de factos e de cálculos. Um homem que procede segundo o princípio que 2+2 são 4, e nada mais, e que nunca poderá ser convencido a permitir algo mais". Gradgrind descobre na sala uma rapariguinha que não conhece (a número 20) e pergunta-lhe quem é. Chama-se Sissy Jupe e o pai trabalha no circo. Gradgrind corrige-a dizendo que ela não é Sissy, mas sim Cecilia. Gradgrind pede a Cecilia para definir cavalo e como a menina não o soubesse fazer, chama um rapazito, Bitzer, que mecanicamente dispara a seguinte definição: "Quadrúpede. Graminívoro. Quarenta dentes, nomeadamente vinte e quatro molares, quatro caninos, e doze incisivos. Larga pêlo na primavera; e em terrenos pantanosos, perde os cascos, também. Os cascos são duros mas têm de levar ferraduras. Pode-se saber a idade pelas marcas na boca".

Aproxima-se o inspector, homem com ar de pugilista. Pergunta aos miúdos se eles colocariam papel de parede com representações de cavalos. Depois de uma pausa, metade das crianças responderam que simmas a outra metade, "vendo a cara do cavalheiro que o Sim estava errado, gritaram em coro, Não, senhor! como é costume nestas examinações". E pergunta a seguir porque não. Um rapaz responde que em vez de colocar papel de parede, pintá-los-ia. Mas o senhor inspector insiste que quer papel de parede e não paredes pintadas. Como não havia respostas, o inspector explica: "Alguma vez, de facto, viram cavalos a passear para cima e para baixo nas paredes dos quartos? Alguma vez viram?! Sim, responde uma metade dos alunos e não a outra. Olhando indignadamente para a metade que respondera sim, explica que o que, de facto, não se encontra na realidade não tem nem pode ter lugar em lado nenhum".

Para se certificar se os alunos aprenderam bem a lição, avança com outra pergunta desta vez sobre carpetes: se quisessem colocar uma carpete num quarto usariam uma carpete com flores? "Havendo a convicção generalizada por esta altura que «Não, senhor!» era a resposta correcta para este cavalheiro, o coro do Não foi muito mais forte. Somente uns poucos retardatários disseram Sim; entre eles estava Sissy Jupe" que, perante a argumentação fria do inspector que as flores seriam calcadas pelas botas das pessoas, defende que "Isso não as magoaria, senhor. Elas não seriam esmagadas nem murchariam, se me permite, senhor. Elas seriam imagens do que era muito bonito e agradável e eu imaginaria... («fancy»).

"«Ai, ai, ai! Mas tu nunca deves imaginar, gritou o cavalheiro muito feliz por ter alcançado esta conclusão. É isso! Tu nunca deves imaginar!"

"Nunca deves fazer isso, Cecilia Jupe", repetiu solenemente Thomas Gradgrind".

"Factos, factos, factos! Disse o cavalheiro. E "Factos, factos, factos! Repetiu Thomas Gradgrind".

Estes excertos do primeiro e do segundo capítulo de *Tempos Difíceis* dão-nos a medida do mundo em que nos encontramos. Um mundo marcado pela monotonia pesada e lenta do bater ritmado do relógio, pela aridez de conhecimentos, em que toda e qualquer presença ou mero resquício de actividade imaginativa são expulsos e anatemizados. O que realmente importa é o que se vê, o que se pode medir, pesar, controlar e demonstrar. Um mundo que precisa de mentes formatadas, transformadas em meras máquinas calculadoras para poder funcionar sem perturbações. Um mundo também hierarquizado, socialmente sem confusões, em que cada um faz o que tem a fazer porque assim são as coisas. É a inexorável lei da vida, é a inflexível lei da economia. E estamos perante uma escola que trabalha afincadamente para fazer de cada criança um fiel cumpridor do seu papel na engrenagem mecânica de um mundo bem domesticado, em que cada um deve ficar no lugar que a vida lhe atribuiu, sem contestação e sem duvidar das verdades transmitidas. Neste mundo, a imaginação surge não só como inútil, porque em nada se promove o enriquecimento material da sociedade se todos nos pusermos ociosamente a imaginar e não a trabalhar, mas também como perigosa porque, ao questionar a ordem estabelecida, pode levar-nos a sonhar com uma outra possível realidade.

Assim, e para compreendermos a inutilidade e a perigosidade da imaginação, o melhor é vermos quem eram e como eram alguns dos personagens de *Tempos Difíceis*.

JOSIAH BOUNDERBY

Banqueiro e industrial de Coketown é um homem que gosta de se gabar de ser um verdadeiro *self-made man* que chegou onde chegou sem a ajuda de ninguém. Representa o espírito da livre iniciativa que não admite nenhum tipo de limites à iniciativa individual e não manifesta nenhuma preocupação pela vida daqueles que fizeram dele o homem rico que é. No que concerne à classe operária, Bounderby é um homem cheio de preconceitos e em relação aos trabalhadores, de quem desconfia sempre e dizendo precisam de ser tratados sempre com rédea curta. A indiferença e a insensibilidade de Bounderby em relação ao sofrimento dos outros, encontra-se patenteada na sua incompreensão da posição de Louisa quando é informado e confrontado com o quasi-affair dela com James Harthouse. Na sua mente de banqueiro, um negócio é sempre um negócio e que se leva até ao fim. Do mesmo modo que se pode ganhar, também se pode perder. Assim, não aceita que possa haver incompatibilidades entre ele e Louisa e se as houver é a mulher que tem de ceder e de se adaptar ao marido. (III-III).

THOMAS GRAGRIND

Tudo em Thomas Gradgrind é quadrado e para ele tudo é mensurável e tudo tem um preço. A educação dos filhos foi a sua preocupação maior e tudo fez para que fosse bem-sucedido. É um homem prático que vê a vida toda em termos de propostas comerciais, como negócios, onde tudo se vende e tudo se compra. Aliás, a única realidade verdadeiramente existente, é a que é transaccionável e contabilizável: foi assim quando propôs a Sissy ir viver para casa dele e garantir-lhe "uma educação prática saudável" (I-VI). Foi assim quando propôs à filha o casamento com Bounderby (I-XV). Foi nesse espírito que educou, com muita proficiência, a Bitzer, como se testemunhará no final da obra.

Tudo é certo e cronometrado na vida e no pensamento de Thomas Gradgrind. "Ele estava sentado na sala com um relógio mortalmente estatístico, a provar alguma coisa, sem dúvida – provavelmente, em resumo, que o Bom Samaritano era um Mau Economista" (II-XII). Estruturada que estava assim a sua mente, resulta daqui que ele seria a pessoa pior apetrechada para lidar com sentimentos e emoções. E quando se apercebeu que falhou como pai ao limitar o mundo afectivo da própria filha, Thomas Gradgrind sente-se, talvez pela primeira vez, profundamente afectado e sem saber o que fazer e o que dizer. É das poucas ocasiões em que ele "ficou muitas vezes à procura das palavras" e para espanto da própria filha (e certamente que também dele mesmo) arrisca uns pequenos gestos em relação à filha, como o afastar levemente o cabelo que lhe cobria o rosto.

Depois da filha se ter refugiado em sua casa, Thomas Gradgrind tem um breve momento de lucidez: "Algumas pessoas defendem", continua ele, com alguma hesitação, "que há uma sabedoria da Cabeça, e que existe uma sabedoria do Coração. Eu não pensava assim; mas, como disse, agora desconfio de mim mesmo. Pensava que a cabeça era totalmente suficiente. Ela poderá não ser totalmente suficiente; como posso afirmar esta manhã, que é? Se essa outra espécie de sabedoria for a que eu negligenciei, e se for o instinto que é preciso, Louisa…" (III-I).

O mundo do circo e os seus personagens

Charles Dickens apresenta-nos o circo exactamente como o oposto da filosofia de vida e da mentalidade representados por Bounderby e Thomas Gradgrind: uma filosofia de vida também possível e legítima e, acima de tudo, bem necessária. A gente do circo é simpática, bem-humorada, sensível, divertida, carinhosa, que gosta de viver e dos prazeres da vida.

Por outro lado, é gente que está sempre pronta a defender e a afirmar o que acreditam ser certo e correcto, não se deixando amedrontar por quem lhes é socialmente superior. O episódio da despedida de Sissy do circo (I-VI) é notável pelos pormenores com que Dickens descreve o cuidado e carinho que todos têm para com Sissy: as atenções ao cabelo que querem bem penteado, a recolha das poucas roupas da menina cuidadosamente colocadas num cesto, os abraços, os beijos, as lágrimas.

A outra personagem definidora desta dimensão festiva, circense e afectiva da vida humana está na figura do Sr. Sleary, o dono e líder do circo. Aparece como um homem ponderado, calmo, sério, experiente, que sabe reconhecer amigos e evitar inimigos. Ilustra aquele tipo de pessoa que faz o que, em consciência, acredita e sabe que tem de fazer, sem alarde nem publicidade e sem necessidade que lhe agradeçam por fazer o que deve. Agradecido por ter facilitado e permitido a fuga do seu filho Tom para as Américas, Thomas Gradgrind quer dar dinheiro a Sleary. Ele agradece e recusa-o para si mas atento às necessidades dos outros membros da trupe, sugere a Thomas Gradgrind que ajude uma jovem família e compre apetrechos e enfeites para alguns dos animais do circo.

BITZER

Bitzer aparece no início do romance como um aluno da escola de Thomas Gradgrind. É o personagem que melhor ilustra o poder da escola, não só para formatar as mentes dos seus alunos, como também como veículo e meio de destruição da imaginação.

Lembremo-nos que foi Bitzer que despejou a famosa definição de cavalo. Esta criança surge num outro episódio (I-V): quando Bounderby e Gradgrind se dirigem a casa do pai de Sissy, ela vem a correr a fugir de Bitzer e na fuga esbarra-se contra eles. No diálogo que se segue, Bitzer falaciosamente nega que estivesse a correr atrás dela: ela é que vinha a correr à sua frente! Bitzer reaparece depois a trabalhar no Banco de Bounderby onde foi por este colocado ao serviço da Sra. Sparsit, a sua antiga governanta. Transforma-se então no informador privilegiado da Sra. Sparsit pondo-a a par de tudo o que passa na cidade e no banco. Relativamente a Bitzer diz Dickens que "A sua mente estava tão exactamente regulada, que ele não tinha afeições ou paixões. Todas as suas acções eram o resultado do cálculo mais frio e perfeito" (II-I).

No final da história, Bitzer torna a aparecer num episódio que mostra irrefutavelmente não só a eficácia da educação recebida, como a coerência fria e lógica dos seus princípios. O banco de Bounderby fora assaltado e as desconfianças caíram sobre um operário de uma das suas fábricas, recentemente despedido pelo próprio Bounderby. Mas Bitzer descobriu que quem tinha roubado o banco fora Tom, o cunhado de

Bounderby, e não o pobre operário. Tom desaparece e esconde-se no circo do Sr. Sleary e quando o pai Tom ia visitá-lo para o ajudar a fugir para as Américas, Bitzer seguiu-o e apanhou-os em flagrante, escutando Tom a confessar o roubo. Perante isto, Gradgrind pergunta a Bitzer se ele não tem coração, ao que Bitzer responde:

"A circulação, senhor", retorquiu Bitzer, sorrindo perante a invulgaridade da pergunta, "não poderia acontecer de não tivesse coração. Nenhum homem, senhor, que conheça os factos estabelecidos por Harvey relativamente à circulação do sangue, poderia duvidar que tenho um coração".

Gradgrind pergunta ainda a Bitzer que motivação racional pode ele ter para impedir que aquele jovem estouvado fuja e porque não tem pena de um pai e de uma irmã com o coração destroçado. Bitzer, "de um modo muito negocial e lógico", responde que vai levar Tom e entregá-lo a Bounderby pois o patrão dar-lhe-á o lugar de Tom no Banco. Perante esta crueza raciocinativa, Gradgrind tenta falar mas Bitzer interrompe dizendo:

"Peço desculpa, senhor, por interrompê-lo," retorquiu Bitzer, "mas tenho a certeza que sabe que todo o sistema social é uma questão de interesse próprio. É o nosso único apoio. Nós somos assim constituídos. Eu fui criado neste catecismo quando era muito jovem, senhor, como muito bem sabe".

"Que quantia de dinheiro" disse o Sr. Gradgrind, "esperas fazer com a tua esperada promoção?"

"Muito obrigado, senhor", respondeu Bitzer, "por ter chegado a tal proposta; mas eu não estabelecerei qualquer quantia de dinheiro quanto a isso. Sabendo que a sua lúcida cabeça iria avançar com tal alternativa, eu fiz os meus cálculos na minha cabeça e conclui que, de facto, fechar os olhos a um crime mesmo em temos muito bem providos, não seria tão seguro e bom para mim quanto os meus prospectos melhorados no banco".

Gradgrind insiste para que tenha pena dele e que deixe Tom ir embora, tendo em atenção os anos que passou na escola dele. Ao que Bitzer responde que estranha Gradgrind vir com tais argumentos e lembra-lhe que a escolaridade dele foi paga, era um negócio e quando se veio embora o negócio acabou nada lhe devendo. Bitzer reconhece que a sua escolaridade foi barata mas responde que "Eu fui feito no mercado mais barato e tenho de dispor de mim próprio no mais caro".

Esta parte final de *Tempos Difíceis* reflecte magistralmente o rigor lógico e argumentativo da filosofia de vida de Bitzer, um aluno atento e bem aplicado da filosofia de vida de Thomas Gradgrind. Bitzer foi capaz de argumentar com coerência e consistência dentro do sistema ético-lógico que o enformava. E se Bitzer recusa o suborno de Gradgrind, reparemos que ele não o fez pelas razões certas: ele recusa-o, não porque não se deve ceder a um suborno mas porque, a longo prazo, teria mais a ganhar com a promoção e permanência no banco. Era tudo, no fim, uma mera questão de se saber fazer bem as contas.

CECILIA (SISSY) JUPE

Sissy Jupe é, de certo modo, a figura redentora do romance: uma criança simples, afável, amorosa e imaginativa e que confia nas pessoas. Ela gostava de ler para o pai contos de fadas, de duendes e de génios, criando deste modo um outro mundo, o da imaginação e da fantasia, onde o pai muitas vezes se refugiava e se abrigava frente às dificuldades da vida. Academicamente falando (I-IX), Sissy nunca conseguiu passar a barreira do aluno medíocre, apesar de se esforçar e de estudar muito, embora todos reconhecessem que não era por falta de aplicação da sua parte.

Manteve-se sempre confiante e crente que o pai, um dia, iria regressar. No entanto, Thomas Gradgrind estava convencido que se ela tivesse sido educada, desde pequena, nos Factos e pelos Factos, ela agora perceberia, sem dificuldade e sem ilusões, que o pai nunca mais regressaria. Mas Thomas Gradgrind, apesar disso, nunca lhe desfez essa ilusão expectante.

Sissy, apesar de alguma resistência inicial em casa dos Gradgrind, (I-XIV) acabaria por se revelar ter sido uma boa companhia quer para a sempre enferma Sra. Gradgrind, como para Louisa e os outros filhos do casal. Foi por sua iniciativa, e em segredo, que convenceu fo James Harthouse a ir-se definitivamente embora de Coketown e foi ela que facilitou a fuga e o esconderijo de Tom no circo do Sr. Sleary, evitando a sua prisão. Daí a gratidão e o reconhecimento que ela vem a ter por parte de todos os intervenientes (III-I).

LOUISA

Louisa tem consciência de que a pessoa em que se tornara foi o resultado de uma educação muito específica por parte do pai. Mas tinha também consciência que não conseguia libertar-se desse molde mental em que fora criada e formatada. Esta insatisfação e incapacidade vão conduzi-la a uma atitude de *laissez passer* perante a vida e não de *laissez faire*: ela não faz a sua vida acontecer dentro dos seus desígnios e da sua vontade; a vida limita-se a acontecer-lhe sem que ela aí coloque a sua marca. Mas, apesar de tudo, Louisa ainda é quem representa a consciência da insuficiência e unilateralismo da educação a que fora submetida desde tenra idade, e é ela quem, apesar de tudo, ainda consegue fazer frente ao pai quando criticada e censurada por aquele, como aconteceu quando ela e Tom foram apanhados em flagrante a espiar o circo.

No Capítulo VIII, do Livro I, admiravelmente intitulado «*Never wonder*» («Nunca imagines», «nunca te interrogues»), Louisa está a conversar com o irmão, teria ela uns quatro ou cinco anos, quando o pai a ouviu a dizer: "I wonder" (eu imagino, eu pergunto-me) ao que o pai imediatamente atalhou dizendo: "*Never wonder, Louisa*". Comentando, Dickens escreve: "Aqui jaz a fonte da arte mecânica e o mistério de educar a razão sem condescender ao cultivo das sentimentos e dos afectos. Nunca imagines. Graças à adição, subtracção, multiplicação e divisão, tudo se resolve de alguma maneira e nunca se imagina" (I-VIII).

Uma outra cena muito elucidativa desta educação e mentalidade, está no modo como lidaram com a decisão de a casar com Bounderby. Nunca foi colocada a questão se Louisa gostava ou não de Bounderby nem muito menos a questão se ela o amaria. Tudo se resolveu pesando os prós e os contra dessa decisão, baseando-se nos dados que as estatísticas forneciam para casamentos de pessoas com grandes diferenças de idade. Thomas Gradgrind sabe que a filha é uma pessoa sensata, não é impulsiva nem dada a paixões amorosas vulgares, em resumo, que não é «romântica». Assim, ela reúne todas as condições para poder tomar uma boa decisão, isto é, uma decisão ponderada e passada rigorosamente pelo crivo da razão contabilística. Assim sendo, a resposta só poderia ser sim ao casamento. Sempre calma, e aparentemente fria, concluiu que deve casar com Bounderby (I-XV). Quando acontece o quasi-*affair* com James Harthouse e na conversa que vem a ter com o pai (II-XII), Louisa não o recrimina pela inépcia e impreparação dela para lidar com essas situações amorosas, pois fosse como fosse, ela sempre lutara contra estes sentimentos e inclinações, pelo que este desfecho, de certo modo, era expectável.

Conclusão

Thomas Gradgrind, este homem de «factos e não mais do que factos» acabará, no final, por ser confrontado com um Facto absolutamente incontornável: o facto de ter apostado a sua vida, a dos seus filhos e a de muitos outros numa filosofia de vida e de educação que se esqueceu de outros Factos da vida humana, como os que dizem respeito aos sentimentos, às emoções, ao amor, à compaixão e que, muito embora não sejam mensuráveis, são tão ou mais reais e poderosos que os meros factos materiais que se medem, pesam e se vendem.

A imaginação era considerada inútil porque distraía as pessoas no mundo do trabalho, da rotina mecânica do dia-a-dia. Além disso, o que a imaginação cria não é mensurável, não se pesa e não é transaccionável. Mas mais grave é que a imaginação é e pode ser perigosa porque sendo a imaginação o poder de criar outras possibilidades de existir que colocam em xeque o *status quo*, isto ameaça poderosamente a ordem estabelecida e é factor potencial de revolução, de modificação da ordem social, económica, cultural e educativa. Mas mais grave ainda, a perigosidade da imaginação revela-se, a meu ver, pelas implicações éticas que pode ter na vida das pessoas. Se eu conseguir imaginar-me no lugar do outro que sofre, que não está tão bem como eu e sentir o que ele sente, dificilmente serei capaz de não sentir empatia e compaixão pelo outro. É que a imaginação, ao nível ético, é absolutamente necessária para a vida moral: aliás, a Regra de Ouro, comum e transversal a muitos sistemas éticos e religiosos, diz exactamente «Não faças aos outros o que não queres que façam a ti».

Este sentir o que o outro sente só é possível por um acto de imaginação. E é aqui que assenta a grande perigosidade da imaginação neste romance de Dickens: a imaginação na sua dimensão ética obriga-nos a mudar de vida, a abandonar o nosso sossego e segurança egoísticos e a pensar no outro como alguém como eu, com rosto, com desejos, sonhos e necessidades como as minhas. Isto desinstala-nos da nossa distraída zona de conforto e faz-nos pensar.

Não deixa de ser interessante e inteligente da parte de Charles Dickens deixar a última reflexão sobre a vida e sobre tudo o que é importante para uma vida feliz, não na boca de Thomas Gradgrind, mas num discorrer filosófico por Sleary, o dono do circo. Se era esta a intenção de Dickens ou não, não sei. Mas a última palavra, a última avaliação do que realmente importa e do que está verdadeiramente em jogo foi um discurso em que se lembra a todos que, na vida, necessariamente tem de haver espaço e tempo para a Razão e para o Coração.

Assim, o romance termina com Sleary, numa espécie de divagação filosófica, a discorrer sobre a importância e necessidade de amor, de diversão e entretenimento nas nossas vidas. Lembra, então, a Thomas Gradgrind que há, de facto, amor no mundo e que nem tudo se reduz ao mero interesse próprio e que o amor tem uma maneira de funcionar que nem sempre é fácil de entender. Num sotaque transcrito à maneira local, diz Sleary a Gradgrind:

> "Não fique aborrecido connosco, pobres vagabundos. As pessoas precisam de se divertir. Não podem estar sempre a aprender, nem sequer podem estar sempre a trabalhar, porque não foram feitas para isso. Vocês têm que nos ter, fidalgo. Façam o que é sábio e o que é bondoso, e pensem o melhor de nós e não o pior" (III-VIII).

Referências
1. Obras de Charles Dickens

HARD TIMES (2000). Introduction and notes by Dinny Thorhold and illustrations by F. Walter & Maurice Greiffenhagen. Ware: Wordsworth Editions.

HARD TIMES (2003). Introduction and Notes by Kate Flint London: Penguin Classics.

(Foi esta a edição utilizada. Para além do texto de 1854, esta edição traz também em Apêndice I: As Notas de Trabalho de Dickens, e em

Apêndice II: Os acrescentos aos títulos dos Capítulos na edição de 1867-8).

HARD TIMES (2010). Richmond: Oneworld Classics Ltd. (Edição com o texto de 1854, com notas e material extra: vida e obras de Dickens; adaptações ao cinema e televisão; bibliografia seleccionada).

2. Outras Obras

AA.VV. (2000). *British Greats.* London: Cassell & Co.

ACROYD, P. (2000). *The Works of Charles Dickens*, in *British Greats.* London: Cassell & Co.

CHARLOT, M. e MARX, R. (1995). *Londres, 1851-1901. A era vitoriana ou o triunfo das desigualdades.* Tradução de Ana M. Faria de Carvalho. Lisboa: Terramar Editores.

CHARLOT, M. e MARX, R. (1995a). *A sociedade «dualista» por excelência!,* in *Londres, 1851-1901. A era vitoriana ou o triunfo das desigualdades.* Tradução de Ana M. Faria de Carvalho. Lisboa: Terramar Editores.

COCKSHUT, A. O. J. (1993). *Victorin Thought.* In *The Penguin History of Literature. Vol. 6: The Victorians.* Edited by Arthur Pollard. London: Penguin Books.

COLLINI, S. (1993). *Victorian Thinkers: Arnold.* Oxford: Oxford University Press.

FURTADO, F. e MALAFAIA, Mª Teresa (Orgs.) (1992). *O Pensamento Vitoriano. Uma Antologia de Textos.* Tradução de F. Furtado e Mª Teresa Malafaia. Lisboa: Edições 70.

HEYCK, T. W. (2002). Educational. In H. F. Tucker (Ed), *A Companion to Victorian Literature & Culture.* Oxford: Blackwell Publishers.

HORNSTEIN, L. H. et al. (Eds). (1973). *Dickens.* In *The Readers Companion to World Literatures.* New York: A Mentor Book.

IÁÑEZ, E. (1997). *O Século XIX: Realismo e Pós-Romantismo. História da Literatura. Vol. 7.* Trad. de Fernanda Soares e Paulo Pisco. Lisboa: Planeta Editora.

JOHNSON, E. (1991). *Dickens, Charles.* In L. S. Bahr (Ed.), *Collier's Encyclopedia,* Vol. 8 (pp. 185-190). New York: MacMillan Educational Company.

Le QUESNE, A. L. (1993). *Victorian Thinkers: Carlyle*. Oxford: Oxford University Press.

MAUGHAM, W. S. (2001). *Ten Novels and Their Authors*. London: Vintage Classics.

MARSH, J. (2002). Spectacle. In H. F. Tucker (Ed), *A Companion to Victorian Literature & Culture*. Oxford: Blackwell Publishers.

MARX, R. (1995). Lugar de Destaque para a Grandeza. In Monica Charlot e R. Marx (Eds.), *Londres, 1851-1901. A era vitoriana ou o triunfo das desigualdades*. Tradução de Ana Mónica F. de Carvalho. Lisboa: Terramar Editores.

MARX, R. (1995a). *As trombetas da caridade*. In Monica Charlot e R. Marx (Eds.), *Londres, 1851-1901. A era vitoriana ou o triunfo das desigualdades*. Tradução de Ana Mónica F. de Carvalho. Lisboa: Terramar Editores.

ORWELL, G. (1965). *Decline of the English Murder and Other Essays*. London: Penguin Books.

PELTASON, T. (2002). Life Writing. In H. F. Tucker (Ed), *A Companion to Victorian Literature & Culture*. Oxford: Blackwell Publishers.

PLESSIS, A., BLACK, J. e Le MAY, G.H. L. (1995). O Poder: The City, Fleet Street, Westminster. In Monica Charlot e R. Marx (Eds.). *Londres, 1851-1901. A Era vitoriana ou o triunfo das desigualdades*. Tradução de Ana Mónica F. de Carvalho. Lisboa: Terramar.

ROBBINS, Keiyh (1995). *A hierarquia das prostitutas*, in *Londres, 1851-1901. A era vitoriana ou o triunfo das desigualdades*. Tradução de Ana Mónica F. de Carvalho. Lisboa: Terramar Editores.

SANDERS, Andrew (2005). *História da Literatura Inglesa*. Trad. de Jaime Araújo. Lisboa: Editorial Verbo.

SCHOR, Hilary (2002). *Fiction*. In H. F. Tucker (Ed.), *A Companion to Victorian Literature & Culture*. Oxfords: Blackwell Publishers.

SHELSTON, Alan (1993). *Dickens*. In A. Pollard (Ed.), *The Penguin History of literarture. Vol. 6: The Victorians*. London: Penguin Books.

STURROCK, June (1988). *How the Graminivorous Ruminating Quadruped Jumped over the Moon: A Romantic Approach*. In K. Egan & D. Nadaner (Eds), *Imagination & Education*. Milton Keyes: Open University Press.

TUCKER, H. F. (Editor) (2002). *A Companion to Victorian Literature & Culture*. Oxford: Blackwell Publishers.

CAPÍTULO 11

Lima de Freitas: o simbólico na obra pública da Escola Primária de Vale Escuro, de 1955 [54]

Lígia Rocha
Investigadora externa Cied/IE/UM e Investigadora integrada
InEd/ESE/IPP

Introdução

Lima de Freitas (1927-1998), autor e artista português, desenvolveu o seu trabalho em várias áreas, nomeadamente na pintura, na ilustração e na cerâmica, bem como na escrita, onde deixou plasmadas as suas preocupações estético-filosóficas sobre arte, sobre numerologia e geometria sagrada, mas também sobre vários temas mítico-simbólicos da cultura portuguesa e universal.

Do vasto trabalho que foi desenvolvendo ao longo da sua carreira realizou, entre a década de 50 e 90 do século XX, um conjunto de obras públicas que estão implementadas em variados espaços públicos em Portugal, nomeadamente na Escola Primária do Vale Escuro, no Bairro dos Olivais Norte, no Hospital de São Francisco Xavier, nos Palácios da Justiça da Lourinhã, da Lousã e de Montemor-o-Novo, na Universidade de Trás-os-Montes e Alto Douro e, por fim, na Estação dos caminhos-de-ferro do Rossio. No estrangeiro, apenas se conhece uma obra pública, patente no *Centro Europeu da Juventude* em Estrasburgo[55], do qual existe um texto do autor, de 1988, referente à respetiva obra[56].

---

[54] Rocha, L. (2015). Lima de Freitas: o simbólico na obra pública da Escola Primária de Vale Escuro, de 1955. In F. Azevedo (Coord.), *Literatura Infantil e Imaginário* (pp. 173-196). Braga: Centro de Investigação em Estudos da Criança / Instituto de Educação. ISBN: 978-972-8952-35-8.
[55] A imagem da obra pública de Lima de Freitas no *Centro Europeu da Juventude,* em Estrasburgo pode ser consultada em

Neste texto, vai ser estudada a primeira obra pública do autor, de 1955, e que se encontra na Escola Primária do Vale Escuro, em Lisboa. A metodologia adotada segue a investigação qualitativa, onde se pretende elaborar um breve enquadramento teórico sobre arte pública e obra pública em Lima de Freitas, de forma a se elaborar uma sistematização simbólica através da hermenêutica da imagem. A obra em estudo é o motivo principal que permite aceder melhor à compreensão e interpretação da mensagem que o autor, de forma implícita ou explícita, deixa marcada no seu painel de azulejos. Pretende estabelecer-se algumas conclusões acerca do papel/caminho educacional da obra plástica, fundando algumas perspetivas à luz daquilo que se entende por estética educacional.

Para uma definição de arte pública

Na história da arte pública em Portugal muito pouco existe estudado, embora, nos últimos anos, tenham sido feitos alguns progressos nesse domínio, nomeadamente no que respeita à escultura pública, por José Guilherme de Abreu[57]. O qual refere o seguinte: *Dir-se-á, que o interesse pelo* Escultura Pública, *encarada como um ramo específico da escultura, e como noção que actualiza a designação de* Estatuária, *constitui uma temática demasiado recente, para que se façam sentir de imediato repercussões no seu estudo* (Abreu, 2006:2). E acrescenta:

Importa, no entanto, sobre este ponto referir que a *Arte Pública*, dentro da qual a *Escultura Pública* se insere como modalidade, de resto,

---

http://www.flickr.com/photos/councilofeurope/3633614290/in/photostream/. Pode também ser consultada uma imagem de pormenor que indica a data da sua realização, 1988 em http://www.flickr.com/photos/councilofeurope/3633615134/in/photostream/ ambas consultadas a 16 de maio de 2012.

[56] Freitas, Lima de (1988). *«Descobrir» de Lima de Freitas*. Lisboa: Gabinete do Ministério da Juventude – Centro Nacional de Cultura.

[57] Nomeadamente a dissertação de mestrado intitulada *A Escultura no Espaço Público do Porto no Século XX,* de 1996/98 e a tese de doutoramento *Escultura Pública e Monumentalidade em Portugal (1948-1998),* de 2006.

preponderante, possui, na Europa, enquanto ramo diferenciado das artes, uma origem muito mais antiga do que se costuma pensar, já que o movimento em prol da *Arte Pública* remonta a finais do século XIX, tendo-se realizado em Bruxelas, entre 24 e 29 de Setembro de 1898 o primeiro *Congrès International de L'Art Public*, organizado pela *O Euvre Nationale Belge de l'Art Public*, sob o patrocínio de Leopoldo II (Abreu, 2006:2).

Acerca da defesa da arte pública refere:

> "Como se constata, os termos utilizados para defender a arte pública, nomeadamente no que se refere à promoção dos objectivos sociais da arte, a denúncia da mediocridade da arte oficial, a defesa da utilidade pública da arte, mantêm hoje a mesma pertinência e actualidade, podendo por isso considerar-se o movimento que então se formava como um verdadeiro percussor das concepções actuais da arte pública" (Abreu, 2006: 3).

A escultura pública, enquadrada num cenário histórico e político, foi o que perdurou no âmbito de *concepções de uma lógica autoritária/totalitária, interessada e empenhada em apropriar-se dos poderes de monumentalização como instrumento para popularizar e disseminar a sua própria "doutrina" política* (Abreu, 2006:6-7). Este facto faz com que a escultura pública venha a ganhar conotações menos artísticas, durante o Liberalismo, mas antes sirva *como meio de expressar o culto dos* Grandes Homens *e dos* Grandes Feitos, *inserindo-se na crença positivista do* Progresso Contínuo da Humanidade (Abreu, 2006: 6). Mesmo durante o Estado Novo existe uma conotação monumental, *como meio de encenação de concepções autoritárias de Poder, veiculando iconografias e retóricas totalitárias de* Nação *e de* Ordem (Abreu, 2006: 7). Apesar desta herança histórica, a escultura pública não fica presa a este tipo de contigências, mas antes, nela se reconhece um paradigma que decorreu num determinado tempo.

Da arte em espaços públicos à arte pública

O monumento, que denominou a arte em espaços públicos até ao século XIX sofreu, segundo Gómez Aguilera um significativo recuo:

> "A finales del siglo XIX asistimos al desvanecimiento de la lógica del monumento. Ocurrió bastante paulatinamente. Pero hay dos casos especialmente llamativos que llevan la marca de su propio carácter

> transicional (las *Puertas del Infierno* y la estauta de *Balzac*, ambas de Rodin) (...) Podría decirse que con estos dos proyectos escultóricos se traspasa el umbral de la lógica del monumento y se entra en el espacio de lo que podríamos llamar 'su condición negativa', en una espécie de deslocalización, de ausencia de hábitat, una absoluta pérdida de lugar" (Aguilera, 2004: 39).

Por seu lado, Javier Maderuelo, à semelhança de outros autores, afirma a importância que a escultura de Auguste Rodin teve, em 1898 na crise da ideia de monumento.

> "El descrédito del monumento urbano se hace evidente con el rechazo que sufrió Auguste Rodin en 1898 cuando presentó en el Salón de Otoño se monumento a Balzac, escultura que debería ocupar un lugar en la calle que el Pueblo de Paris iba a dedicar ao novelista" (Maderuelo, 2001: 33).

Essa noção de monumento, como conjunto escultórico inserido no espaço público, vai cair em desuso e desaparecer como género até aos anos 60, do século XX. Maderuelo esclarece: *Por eso, podemos assegurar que durante los tres primeiros cuartos del siglo XX la escultura monumental há desaparecido como género* (Maderuelo, 2001: 34).

É a partir dos anos 60 que se vai gerar a grande reviravolta e, com isso, o conceito de arte pública ressurge com novos pressupostos urbanísticos, ambientais e artísticos.

Desta forma, hoje a escultura pública como variante da arte pública, integra-se *no movimento que se vem desencadeando em torno da sua redefinição, no quadro das transformações urbanas e culturais de fundo que se têm vindo a registar, desde meados da década de 80, do século XX* (Abreu, 2006: 9).

Ainda a respeito da utilização dos conceitos de arte em espaços públicos e arte pública, Antoni Remesar esclarece que a segunda tem uma valência mais restritiva em relação à primeira e aponta dois possíveis problemas:

> "In other forums in those which is intended to analyse the force of the public art concept, appear always two problems that, generalitty, they distort the environment and hinder a discussion in depth about the topic. The first issue makes reference to the fact of defending that all art is public art, weakening thus the possible development of the concept and including it in the swampy dimension of the art definition. The second, bounded in good measure to the first, makes reference to the rejection of the *"public art"* term and to the recovery of the concept *"art for public spaces"* (Remesar, 1997: 128).

A arte em espaço público é aquela obra ou conjunto de obras que se encontram apresentadas em espaços públicos. Por seu lado, a arte pública, para além de usar o espaço público tem, também, as tais preocupações relacionadas com a melhoria da qualidade de vida dos cidadãos, tal como José Guilherme de Abreu sublinha:

> "Assim sendo, uma arte pública socialmente entendida, em vez de usar o espaço público das cidades como *display* de uma nova competição que se processa *por meio* da exibição de colecções de obras de arte pública, deveria antes promover a melhoria da qualidade de vida dos cidadãos, através de uma concepção da arte pública, ..., optando por manifestações menos exuberantes, mas detentoras de um sentido público bastante mais claro e mais real" (Abreu 2006: 11).

Para Antoni Remesar a arte pública deverá seguir quatro objetivos que apresenta da seguinte forma:

1 – To increase the total income generated in the city;
2 – To improve the social cohesion;
3 – To increase the influence of the city in national decision-making;
4 – To improve the city's image as a centre of culture (Remesar, 1997: 137).

Esta discussão acerca do conceito de arte pública ocorreu sensivelmente na mesma altura em que Lima de Freitas iniciou a sua intervenção artística em espaços públicos. Assim sendo, passa a olhar-se para a Obra Pública do autor, reconhecendo-lhe as suas principais características e especificidades.

A arte pública de Lima de Freitas – algumas características e especificidades

A Obra Pública de Lima de Freitas comporta algumas particularidades ao nível formal e temático. Ao nível formal, deve sublinhar-se que o trabalho de arte pública de Lima de Freitas não é escultórico, mas antes bidimensional. Ao nível temático, o autor desenvolve e veiculada temas, nas suas obras, com um sentido mítico-simbólico, tendo algumas vezes um carácter subliminar de esoterismo. Também a Obra Pública de Lima de Freitas constitui-se por pintura a óleo, pintura a acrílico e a pintura de azulejos.

Considera-se, contudo, que as particularidades da Obra Pública de Lima de Freitas são uma mais-valia para a presente investigação, uma vez que não existem muitos autores que agrupem estas caraterísticas em simultâneo e, no caso de existirem, não são trabalhadas sob a mesma linha de pensamento. Gloria Moure sublinha a importância dos dois tipos de arte pública, escultura e pintura, no contexto da história da arte pública, principalmente, a partir do terceiro triénio do século XX:

> "Por otra parte, tal vez no sea justo ni consistente hablar sólo de escultura al referirnos a las intervenciones creativas paisajísticas, porque si ya vimos que en el siglo XIX el arte moderno había evolucionado al igual que en la primera mitad del siglo XX, como resultado de la enriquecedora relación de tensión y de complicidad entre la escultura y la pintura, no es menos cierto que, a partir de la expansión hacia el entorno, que se produce al final de los sesenta, la línea divisoria entre ambos géneros se hace aún más tenue, como han corroborado numerosos artistas que trabajan con más de dos dimensiones" (Moure, 2001: 111).

Lima de Freitas utiliza a pintura a acrílico sobre madeira na obra do Palácio da Justiça da Lourinhã, a pintura a acrílico sobre tela nos Palácios da Justiça da Lousã e de Montemor-o-Novo e a pintura de azulejo em todas as outras obras (trata-se de um conjunto de 32 peças de arte).

Pensa-se ser possível considerar dois fatores determinantes para a escolha da pintura de azulejos na maioria das suas obras públicas:

O primeiro fator tem a ver com o sítio para o qual as obras foram pensadas. Tal como já foi mencionado, só as obras para os três Palácios da Justiça foram pintadas a acrílico sobre tela e sobre madeira. Estas estão no interior do edifício, na parede frontal aos espetadores, sendo que essa parede está resguardada de atos de vandalismo ou de desgaste que, com o tempo, podem danificar as obras.

As outras obras públicas apresentam-se mais expostas, umas estão ao ar livre e, portanto, sujeitas à deterioração do tempo, outras estão no interior de edifícios, mas têm fácil acesso a vandalismo ou ao desgaste natural. A pintura de azulejo é, desta forma, uma solução viável de resistência ao tempo para mais com longa e rica tradição na arte portuguesa. É isso que justifica a utilização da cerâmica e não de outra técnica igualmente resistente ao tempo[58].

O painel da Escola Primária do Vale Escuro, de 1955

O painel de azulejos inserido no edifício da Escola Primária do Vale Escuro, em Lisboa, de 1955, é uma obra de referência para este estudo, uma vez que é a primeira obra de azulejaria feita pelo autor e também a sua primeira obra pública[59]. Esta situação levanta dois problemas: o primeiro prende-se com o facto de não existir documentação textual e ser bastante reduzida a informação verbal sobre a mesma; o segundo liga-se com a dificuldade de acesso à obra, por falta dessa informação.

Foi possível perceber que o painel não está presente no quotidiano das pessoas próximas da obra e da vida do autor. Esta situação não tem uma explicação imediata, a não ser a distância de anos e o ter sido a primeira obra pública de Lima de Freitas[60].

---

[58] Aliás, a *Cerâmica de Porches,* no Algarve foi criada por Lima de Freitas e pelo Irlandês Patrick Swift. A olaria *Freitas & Swift Lda.* (Olaria Algarve, E.N. 125 Porches 8400 Lagoa) foi fundada pelos dois artistas em 1968 e ainda hoje é possível visitar a olaria. É possível ver as ceramistas a pintar pequenas peças de cerâmica e existe uma grande loja para venda dos seus produtos. Foi a ambição de recuperar a louça das antigas tribos Ibéricas que motivou os artistas na revitalização da tradição, dando um fundo branco sobre o barro vermelho e depois pintando os elementos decorativos, técnica essa denominada por *Majolica*. Esta busca sobre as raízes da olaria e da cerâmica, por parte dos dois artistas, resultou num estudo e levantamento de informação, numa dedicação e num interesse profundo, bem como num conhecimento revitalizado.

[59] Esta informação, relativamente ao facto de ser a primeira obra de azulejaria realizada por Lima de Freitas deve-se a D. Helle de Freitas. Até ao momento, não houve qualquer indício da existência de uma obra de azulejaria de Lima de Freitas com data anterior a 1955.

[60] Outra explicação será talvez a de que ela prova não ser o Estado Novo tão hostil como se quer fazer crer à arte, nem tão pouco implacável contra os que lhe eram ideologicamente adversos. Para mais informações, haveria a necessidade de realizar um estudo aprofundado junto dos arquivos de Lima de Freitas. É pública a existência dos diários do mestre, tendo sido editadas algumas páginas dos mesmos, contudo são insuficientes para a abordagem aqui pretendida. Esta falta de informação pode estar associada com a desvalorização da obra, por parte daqueles que têm consigo o arquivo do

Após a recolha das primeiras informações relacionadas com o painel, foi possível juntar uma outra que veio a revelar-se uma mais-valia, pois tratou-se da possibilidade de ver e registar a imagem da maqueta[61].

Após o acesso à imagem da maqueta da obra, sem data, em cartão e em bom estado de conservação, fez-se o registo fotográfico para que, numa fase posterior, fosse possível confrontar com o original.

Figura 1: *Infância* (maqueta em cartão com moldura). No original, Pintura de Azulejos, 1955 (Escola Primária do Vale Escuro, Lisboa)
Fonte: Reprodução digital por Lígia Rocha

Com base na imagem acima reproduzida foi possível avançar para a fase de procura da obra. Dessas diligências constatou-se que no

---

autor. É de referir, também, que houve grande interesse por parte da investigação em ter acesso aos arquivos. Contudo, esta possibilidade não foi cedida alegando-se motivos de carácter pessoal, nomeadamente no que respeita aos referidos diários, uma vez que contêm passagens pessoais e íntimas da vida de Lima de Freitas.

[61] Esta possibilidade surgiu no seguimento das comemorações do décimo aniversário da morte do mestre Lima de Freitas, que a Fundação CulturSintra promoveu de 4 a 26 de outubro de 2008; que incluiu uma exposição antológica de pintura e obra gráfica (de 5 a 26 de outubro), um ciclo de debates (11 e 18 de outubro), visitas guiadas, nomeadamente à Estação dos Caminhos de Ferro do Rossio, visionamento de entrevistas e projeção de imagens. Esta iniciativa culminou num colóquio internacional, de carácter científico, subordinado ao tema: *Lima de Freitas – a emergência do imaginal*.

Agrupamento de Escolas Marquesa Alorna, correspondente à zona do Campolide[62], não constava nenhuma obra de Lima de Freitas, mas sim dois painéis da autoria do Mestre Arnaldo Louro de Almeida e um painel da autoria do Mestre Querubim Lapa. A pesquisa na internet culminou no Arquivo Municipal de Lisboa[63], onde foi possível encontrar uma fotografia a preto e branco, datada de 1956. Esta confirmou a localização da obra na Escola Primária do Vale Escuro – Lisboa[64], hoje denominada Escola do 1º ciclo do Ensino Básico n.º143. Deve mencionar-se que, na mesma escola, para além do painel de azulejos de Lima de Freitas, existem mais duas obras, no espaço destinado ao refeitório, da autoria de Sá Nogueira, datadas em 1955 e em bom estado de conservação.

Figura 2: Imagem fotográfica do painel *Infância*, em 1956. Fonte:[65]

---

[62] Estas diligências foram feitas porque inicialmente havia indicações sobre a possibilidade da obra de Lima de Freitas estar neste local. Situação que veio a revelar-se negativa.
[63] O endereço eletrónico do Arquivo da Câmara de Lisboa foi http://arquivomunicipal.cm-lisboa.pt/default.asp?s=12065&c=4818 pesquisado no dia 21 de junho de 2012. Para aceder à fotografia da obra foi consultado o site http://arquivomunicipal.cm-lisboa.pt/sala/online/ui/searchbasic.aspx?filter=AH;AI;AC;AF, também, no dia 21 de junho de 2012.
[64] Em simultâneo, houve a ajuda fulcral, por parte do Professor Doutor Fernando António Baptista Pereira que veio, também, confirmar a localização do painel de azulejos na Escola Primária de Vale Escuro.
[65] Imagem reproduzida de http://arquivomunicipal.cm-lisboa.pt/sala/online/ui/searchbasic.aspx?filter=AH;AI;AC;AF em 21de junho de 2012.

A obra de Lima de Freitas está implantada dentro do edifício, num espaço que hoje é o ginásio para as atividades desportivas da escola ou lugar de recreio quando chove, situado logo à esquerda após a entrada principal. Mais uma vez, o contacto com a obra foi limitado, uma vez que a mesma está tapada com cortinas brancas, em todo o correr do espaço da obra (Figura 3).

Figura 3: Pormenor da obra e local da sua implementação
Fonte: Reprodução digital por Lígia Rocha, em 22 de junho de 2012

Verificou-se que a obra não se apresenta completa, estando a aguardar o restauro que está a ser feito por solicitação da Câmara Municipal de Lisboa. A intervenção surgiu do facto de ter existido uma infiltração de água na parede de implantação da obra de Lima de Freitas e a direção do Agrupamento não tem qualquer informação, por parte da Câmara Municipal de Lisboa, sobre a conclusão do referido restauro.

Nas Figuras 4, 5, 6 e 7 é possível ver alguns pormenores do estado de conservação da obra, bem como de alguns pormenores dos elementos constitutivos da mesma. Verifica-se, também, que os azulejos ainda no local estão devidamente identificados com a linguagem deixada pelos intervenientes no caso de restauro, situação que indicia um processo de conservação da obra e não de degradação.

Figura 4: Pormenor do estado da obra *Infância*. Imagem geral do lado esquerdo
Fonte: Reprodução digital por Lígia Rocha, em 22 de junho de 2012

Figura 5: Pormenor do estado da obra *Infância*. Pormenor do lado esquerdo
Fonte: Reprodução digital por Lígia Rocha, em 22 de junho de 2012

Figura 6: Pormenor do estado da obra *Infância*. Imagem geral do lado direito
Fonte: Reprodução digital por Lígia Rocha, em 22 de junho de 2012

Figura 7: Pormenor do estado da obra *Infância*. Pormenor do lado direito
Fonte: Reprodução digital por Lígia Rocha, em 22 de junho de 2012

Esta obra foi pensada e construída numa altura em que a arte pública estava a dar os primeiros passos, no sentido da nova conceção de arte pública, tendo em consideração o trabalho desenvolvido pelos artistas conceituados, da primeira metade do século XX, tais como Rodin, Brancusi ou Picasso. Refiram-se os seus projetos por via dos quais *já se tinha iniciado o processo de subversão da escultura monumental e que estava traçado o novo caminho para o desenvolvimento da escultura pública moderna* (Regatão, 2007:59). O impacto causado pelas obras destas artistas deve-se, sobretudo, à tridimensionalidade, à dimensão e à intenção que as animava.

O painel de Lima de Freitas, apesar de não ser tridimensional, mostra já uma intensão fora do conceito tradicional de monumento[66], contribuindo para os primeiros passos do novo conceito de arte pública em Portugal.

Uma hermenêutica simbólica da obra *Infância*

Para dar início a uma hermenêutica simbólica da obra situada na Escola Primária do Vale Escuro, de 1955, deve ter-se em consideração o lugar onde a mesma se insere. A obra foi realizada para uma escola primária, a qual permanece em funcionamento, tendo apenas sofrido alteração o nome da instituição embora, para o presente estudo, se mantenha o nome atribuído à escola, inicialmente.

A atribuição do título *Infância* está de acordo com os elementos retratados. Por outras palavras, o mesmo permite fazer um registo nominal da obra, permite contextualiza-la quanto ao local de implementação e consegue ir ao encontro dos elementos que a compõem. O olhar será focado sobre a imagem da maqueta[67], reproduzida na Figura 1 e não no original, pelo facto de estar limitada a sua observação.

---

[66] Sobre o conceito de monumento ou monumentalidade pode ser consultado: Abreu, José Guilherme (2006). *Escultura Pública e Monumentalidade em Portugal (1948-1998)*. Tese de doutoramento. Lisboa: Universidade Nova.

[67] Apesar de existirem algumas diferenças entre a maqueta e a obra original, estas prendem-se apenas com a organização do espaço, deixando os elementos constitutivos da imagem intocáveis. Na maqueta, os azulejos pretos no fundo do painel não aparecem, contudo não comprometem a leitura que se pretende fazer (confrontar Figura 1 com a Figura 2).

A *mitocrítica* da obra de Lima de Freitas na Escola Primária do Vale Escuro terá em consideração a obra plástica como equivalente ao texto literário. Irá partir-se da *Grelha da Classificação Isotópica das Imagens*[68] elaborada por Gilbert Durand.

Observando a imagem apresentada na maqueta, constata-se que a composição é dividida por uma linha preta com uma espessura substantiva. Através da Figura 2 e 3 pode comprovar-se que a referida linha é a representação da coluna existente no local de implementação da referida obra.

Para além desta coluna, que divide naturalmente a obra, pode falar-se das linhas curvas que a fracionam através das várias cores utilizadas. Da esquerda para a direita, pode ver-se o preto, o amarelo, o verde, o branco, o azul, o preto novamente e o vermelho acastanhado.

Em cada um destes espaços são apresentados elementos diferenciados. Da esquerda para a direita e respeitando a ordem cromática já referida, pode ver-se na primeira faixa um papagaio de papel; na segunda uma menina com um catavento, uma borboleta e a alusão aos pássaros ou objetos voadores; na terceira uma árvore e vários pássaros; na quarta mais pássaros e a representação da coluna estrutural do edifício; na quinta, ainda, outros pássaros, uma menina, uma bola, folhas e o sol; na penúltima faixa uma árvore, uma lua e estrelas e, por fim, outra borboleta. Percebe-se assim que os elementos se relacionam com o arquétipo da criança. Embora, o arquétipo da árvore e, de forma implícita, o arquétipo do ar, através da representação dos pássaros e das borboletas (sobre estes arquétipos pode referenciar-se a obra *O Ar e os Sonhos* de Gaston Bachelard, nomeadamente as páginas 65, 66 e 67) possam também ser referência.

À luz da *Grelha da Classificação Isotópica das Imagens* de Gilbert Durand, de forma breve e sintética, irá resumir-se algumas ideias fundamentais:

A criança: pertence ao regime noturno, com as estruturas <u>místicas</u>; os schèmes verbais são o confundir (descer, possuir, penetrar); os atributos

---

[68] Esta *Grelha da Classificação Isotópica das Imagens* pode ser consultada nas obras *Estruturas Antropológicas do Imaginário* (Durand, 1989: 305) e *A Imaginação Simbólica* (Durand, 1995:80-81) da autoria de Gilbert Durand.

são o profundo, o calmo, o quente, o íntimo e o escondido; a situação das categorias do jogo de *tarot* é a taça; culminando no arquétipo substantivo da criança;

A árvore: pertence ao regime noturno, com as estruturas sintéticas; os schèmes verbais são o ligar (amadurecer, progredir); os atributos são o avante, o por vir, o para a frente e o futuro; a situação das categorias do jogo de *tarot* é o pau; culminando no arquétipo substantivo da árvore;

O ar: pertence ao regime diurno, com as estruturas esquizomorfas; os schèmes verbais são o distinguir (separar ≠ misturar); os atributos são o puro ≠ maculado e claro ≠ escuro; a situação das categorias do jogo de *tarot* é o gládio; culminando no arquétipo substantivo o ar ≠ o miasma.

Pode dizer-se que existe uma leitura transversal, tendo em linha de conta os arquétipos identificados, culminando numa ideia híbrida da obra, na qual o símbolo do sol e o arquétipo da lua ligam todas as valências possíveis de interpretação, ou seja, o regime diurno e o regime noturno, passando pelas estruturas esquizomorfas, sintéticas e místicas.

Desta forma, apesar da possibilidade de uma transversalidade desta obra *Infância*, irá ser dado destaque ao arquétipo da criança, uma vez que é ele o que melhor se enquadra no contexto e que, tal como já foi referido, está intimamente relacionada com a infância. Quando se fala de arquétipo fala-se, também, de Inconsciente Coletivo. Carl Jung aclara (2003:157): *O princípio metodológico segundo o qual a psicologia trata dos produtos do inconsciente é o seguinte: conteúdos de natureza arquetípica são manifestações de processos no inconsciente coletivo.*

Assim, tendo por base as *Estruturas Antropológicas do Imaginário* de Gilbert Durand pode dizer-se que a presente obra se insere no regime noturno da imagem e nas estruturas místicas. Verifica-se que a descida e a taça são o foco de estudo, permitindo o surgimento dos símbolos da intimidade, nos quais a infância[69] e a criança[70] estão referenciadas.

---

[69] Sobre a infância e o símbolo da criança, Jean Chevalier e Alain Gheerbrant referem: "Criança: Infância é símbolo da inocência: é o *estado anterior ao pecado*, portanto, o estado *edénico*, simbolizado em diversas tradições pelo regresso ao estado embrionário, de que a infância está próxima. Infância é símbolo de simplicidade natural, de *espontaneidade*, e é o sentido que o taoísmo lhe dá: (...) A criança é espontânea, tranquila, concentrada, sem intenções, ou pensamentos dissimulados" (Chevalier, 1994: 240).

Desta forma, o tema da criança surge como representando *o complexo do regresso à mãe* (Durand, 1989: 163), no sentido de *inverter e sobredeterminar a valorização da própria morte e do sepulcro* (1989: 163). Gilbert Durand acrescenta uma outra via pela qual a imagem da criança pode ser interpretada: *Numerosas sociedades assimilam o reino dos mortos àquele donde vêm as crianças* (1989: 163) e sublinha:

> "Por fim, muitos povos enterram os mortos na postura do acocoramento fetal, marcando assim nitidamente a vontade de ver na morte uma inversão do terror naturalmente experimentado e um símbolo de repouso primordial. Esta imagem de um «arrepiar caminho» da vida e da assimilação da morte a uma segunda infância encontra-se não apenas na expressão popular «voltar à infância" (1989: 164):

O tema da *Infância* é projetado na imagem da criança. Este arquétipo está representado diretamente na obra. Embora, na sua ausência, fosse possível encontrá-lo implicitamente através da representação dos outros elementos que se associam à infância, uma vez que os arquétipos existem nos mitos e nos contos de fadas, mas também nos sonhos:

> "Hoje podemos permitir-nos pronunciar a fórmula de que os arquétipos aparecem nos mitos e contos de fadas, bem como no sonho e nos produtos da fantasia psicótica. O meio que os contém é, em primeiro caso, um contexto de sentido ordenado e quase sempre de compreensão

---

[70] Sobre o símbolo da criança, Juan Eduardo Cirlot afirma: "Criança: Símbolo do futuro, em contraposição ao ancião, mas também símbolo da etapa em que o ancião se transforma e adquire uma nova simplicidade, como predissera Nietzsche em *Assim falou Zaratustra*, ao tratar das «três transformações». Daí a sua concepção como «centro místico» e como «força juvenil que desperta». Na iconografia cristã, as crianças surgem frequentemente como anjos; no plano estético, como *putti* dos grutescos e ornamentos barrocos; tradicionalmente, são os anões ou cabiros. Em qualquer dos casos, segundo Jung e Kerenyi, simbolizam figuras formativas do inconsciente de carácter benéfico. Psicologicamente, a criança é o filho da alma, o produto da *coniunctio* entre o inconsciente e o inconsciente; sonha-se com essa criança quando uma grande metamorfose espiritual se vai produzir sob signo favorável. A criança mística que resolve enigmas e ensina a sabedoria é uma figura arquetípica que tem a mesma significação no plano do mítico, isto é, do geral colectivo. É um aspecto da criança heroica que liberta o mundo de monstros. Em alquimia, a criança coroada ou revestida de traje real é o símbolo da pedra filosofal, isto é, do êxito supremo da identificação mística com o «deus em nós» e o eterno" (Cirlot, 1999: 131).

imediata, mas, no segundo caso, uma sequência de imagens geralmente incompreensível, irracional, delirante, que no entanto não carece de uma certa coerência oculta de sentido" (Jung, 2003: 155).

Carl Jung, a respeito do arquétipo da criança, refere que *O motivo da criança não representa apenas algo que existiu no passado longínquo, mas também algo presente; não é somente um vestígio, mas um sistema que funciona ainda, destinado a compensar ou corrigir as unilateralidades ou extravagâncias inevitáveis da consciência* (Jung, 2003: 163).

O arquétipo da criança, na obra de Lima de Freitas, surge através de uma fantasia intrínseca ao pensamento do autor e expressa-se, tanto num contexto de sentido ordenado, como numa leitura imediata da criança: *A consciência diferenciada é continuamente ameaçada de desenraizamento, razão pela qual necessita de uma compreensão através do estado infantil ainda presente* (Jung, 2003: 164).

Pode dizer-se que existe uma mensagem latente na obra, tendo em conta uma certa ocultação, não de sentido, mas através das possíveis interligações. Pela presença dos outros elementos que compõem a obra, a imagem da criança ganha outras leituras sobre o arquétipo.

Jung interpreta o arquétipo da criança como aquele que fascina o inconsciente humano e como aquele que consegue apaziguar a consciência humana. O símbolo patente no inconsciente faz revigorar o estado de consciência:

> "Na medida em que o símbolo da "criança" fascina e se apodera do inconsciente, seu efeito redentor passa à consciência e realiza a saída da situação de conflito, de que a consciência não era capaz. O símbolo é a antecipação de um estado nascente de consciência. Enquanto este estado não se estabelece, a "criança" permanece uma projeção mitológica que exige uma repetição pelo culto e uma renovação ritual" (Jung, 2003: 169).

Carl Jung, tal como Gilbert Durand, esclarece em que medida a *fenomenologia do nascimento da criança* comporta um caráter noturno, onde o crepúsculo, a escuridão e o desconhecido são algumas caraterísticas que posicionam a temática da presente obra de Lima de Freitas. A transposição da ideia inconsciente da criança passa para o mundo externo como se de um nascimento se tratasse. O nascimento pode ser representado através do ovo dourado, sendo o ovo símbolo místico. Portanto, o noturno e o dourado funcionam como uma representação implícita das trevas e da luz.

A estrutura esquizomorfa (regime diurno) e estrutura mística (regime noturno) estão latentes na obra. Esta dicotomia entre o diurno e o noturno é visível de forma explícita na obra de Lima de Freitas através da representação do sol e da lua: sendo a lua noturna e o sol diurno, tal como já foi mencionado. Esta dualidade dará lugar, como diria Jung, a um terceiro irracional:

> "Na fenomenologia do nascimento da "criança" sempre remete de novo a um estado psicológico originário do não-conhecer, da escuridão ou crepúsculo, da indiferenciação entre sujeito e objeto, da identificação inconsciente de homem no mundo. Deste estado de indiferenciação surge o ovo dourado, o qual é tanto homem quanto mundo; no entanto não é nenhum dos dois, mas um terceiro, irracional. Para a consciência crepuscular do homem primitivo é como se o ovo saísse do útero do vasto mundo, sendo por isso um acontecimento cósmico e objetivo externo" (Jung, 2003: 172).

Este objeto externo, de que fala Jung, é representado através da obra da Escola Primária do Vale Escuro. Existem três frases que concretizam e esclarecem a importância da ligação do arquétipo da criança com a infância.

A primeira refere que *o motivo da criança é apenas um vestígio da memória da própria infância* (Jung, 2003: 162); a segunda mostra que *o motivo da criança é o quadro para certas coisas que esquecemos da própria infância"* (Jung, 2003: 162); por fim, a terceira, *o motivo da criança representa o aspecto pré-consciente da infância da alma coletiva* (Jung, 2003: 162).

Esta sequência, para Jung, funciona como caminho para melhor chegar ao motivo da criança. A primeira deixa fugir a ideia primordial. A segunda permite uma aproximação à verdade. E por fim: *uma vez que o arquétipo é sempre uma imagem que pertence à humanidade inteira e não somente ao indivíduo, talvez seja melhor formular a frase do seguinte modo: o motivo da criança representa o aspecto pré-consciente da infância da alma coletiva* (Jung, 2003: 162).

Deve considerar-se relevante a fase pré-consciente como veículo intermédio entre o inconsciente e o consciente, na medida em que a infância é a fase primeira na qual as imagens arquetípicas adquirem as suas manifestações mais importantes: *Podemos observar tal estado pré-consciente na primeira infância e são justamente os sonhos dessa época que frequentemente trazem à luz conteúdos arquetípicos extremamente importantes* (Jung, 2003: 158).

Poderia ainda referir-se o arquétipo da *criança divina*, no sentido de ajudar a identificar que tipo de arquétipo da criança surge na obra de Lima de Freitas.

> "Este arquétipo da "criança divina" é extremamente disseminado e intimamente misturado a todos os outros aspectos mitológicos do motivo da criança. Não é necessário aludir ao Menino Jesus, vivo ainda, que na lenda de Cristóvão mostra também aquele aspecto típico de ser "menor que pequeno" e "maior que grande" (Jung, 2003: 159).

Esta ideia de a criança ser *menor que pequeno* e ser *maior que grande* segue a ideia da divindade que caminha a par do infinitamente pequeno e do infinitamente grande. O arquétipo da criança consegue fazer transparecer esta ideia, onde a infância é o início de tudo, mas poderá ser o fim de tudo. Ou seja, o início do crescimento na Terra e o fim de um ser imaculado nascido para a vida na Terra.

Ainda sobre o arquétipo da criança pode pensar-se na interpretação religiosa contextualizada em testemunhos da Idade Média: *Graças à interpretação religiosa da "criança", alguns testemunhos da Idade Média foram conservados, mostrando que a "criança" não é simplesmente uma figura tradicional, mas também uma visão vivenciada espontaneamente (enquanto irrupção do inconsciente)* (Jung, 2003: 159).

Analisando a importância do tema da criança, inserida no regime noturno da imagem, está o mesmo *constantemente sob o signo da conversão e do eufemismo* (Durand, 1989: 138). Desta forma, *no seio da própria noite, o espírito procura a luz e a queda se eufemiza em descida e o abismo minimiza-se em taça, enquanto, no outro caso, a noite não passa de propedêutica necessária do dia, promessa indubitável da aurora* (Durand, 1989: 138). Nesta dicotomia entre o dia e a noite ligam-se as possibilidades de interpretação da obra.

No regime noturno existem quatro estruturas místicas do imaginário, as quais estão interligadas, contudo o arquétipo da criança poderá ser visto na perspetiva do primeiro tópico (1ª repetição e perseverança) das estruturas místicas. Assim, veja-se como refere Gilbert Durand a importância de procurar no regime noturno os laços familiares e as ligações de afeto com a família:

> "A primeira estrutura que a imaginação dos símbolos da inversão e da intimidade põe em evidência é a que os psicólogos denominam *redobramento* e perseverança. Já vimos como o processo de eufemização,

utilizando a dupla negação, era na sua essência um processo de redobramento. (...). Há na profundidade da fantasia nocturna uma espécie de fidelidade fundamental, uma recusa de sair das imagens familiares e aconchegadoras" (Durand, 1989:185).

Este aconchego a que se refere o autor liga a imagem da criança a uma inversão de idade, como se o tempo pudesse voltar atrás, como uma descida aos primeiros tempos de vida, sendo esta inversão, o sentido do aconchego da infância. Esta infância, representada pelo arquétipo da criança, é um *órgão anímico*, tal como refere Jung:

> "Na melhor das hipóteses, *sonha-se* a continuidade do mito, dando-lhe uma forma moderna. O que quer que uma explicação ou interpretação faça com o mito, isso equivalerá ao que fazemos com nossa própria alma, e haverá consequências correspondentes para o nosso próprio bem-estar. O arquétipo – e nunca deveríamos esquecer-nos disso – é um órgão anímico presente em cada um" (Jung, 2003:161)

A imagem plástica, no caso concreto, a *Infância* de Lima de Freitas permite aceder ao discurso educacional, que tentará ser explícito nas conclusões deste trabalho. Contudo, parece ser possível sublinhar a importância do encontro da criança com a obra, na possibilidade de se estabelecer algumas ligações, como sejam o encontro com as imagens, mais ou menos explícitas e o encontro consigo mesmo, permitindo projetar na obra o próprio arquétipo explicitado:

> "As crianças são educadas por aquilo que o adulto *é*, e não por suas palavras. A crença geral nas palavras é uma verdadeira doença da alma, pois uma tal superstição sempre afasta o homem cada vez mais de seus fundamentos, levando-os à identificação desastrosa da personalidade com o "slogan" em que acredita naquele momento" (Jung, 2003: 175).

A criança, ao relacionar-se com as imagens e ao comunicar com a linguagem estética de Lima de Freitas, é propensa a ser *educada* segundo as suas mensagens.

Conclusão

O presente estudo foi realizado tendo como base a obra *Infância* de Lima de Freitas, tendo a preocupação de configurar uma estética educacional. Segundo a interpretação feita, tentar-se-á apresentar algumas reflexões conclusivas.

O autor sublinha a importância da imagem na vida do ser humano, reconhecendo nela a responsabilidade por fazer despertar para associações diversas: *Cada imagem desperta um certo número de associações, frequentemente instantâneas e automáticas, outras vezes involuntárias e aparentemente absurdas, ou, pelo contrário, fruto de uma lenta e complexa elaboração cultural* (Freitas, 1965:28). A escolha das imagens pelo artista vai ter *a posteriori* repercussões no espetador. Daí o seu papel fulcral no processo de relação entre o sujeito/objeto: *Esta busca de um significado que se complicou, a formação dessa nova relação, podem ser orientadas pelo artista mediante a escolha e orquestração das imagens, sua natureza, estilo, sequência, etc.* (Freitas, 1965: 28).

Na obra em estudo, Lima de Freitas optou, de forma consciente, por trabalhar as imagens com forte ligação à infância, fazendo com que haja uma maior consciência sobre as imagens relacionadas com o tema. Ao mesmo tempo, ao trabalhar estes conteúdos, de forma explícita-implícita, faz com que a pintura ganhe maior destaque no meio em que se insere.

A capacidade que a obra de arte tem em criar espanto, fazer interrogar o ser humano e abrir novas perspetivas sobre os temas, é considerado um caminho educacional. A comunicação entre estes proporciona experiências, desperta memórias e facilita uma identificação, sendo estas características educacionais. Também o processo (des)construtivo no público é reflexivo e motivador para uma transformação interior que se mostra educacional, na medida em que é *matéria viva de relação humana* (Marcelo Chagas)[71]. Todo este processo de comunicação e de relação ajuda na (re)memorização do Imaginário, sendo

---

[71] "A grande batalha da legitimação da Arte, inserida no espaço público de convívio, é para dotá-la de matéria viva de relação humana. Nem todas são confortáveis ou digeríveis, mas valem a pena, para que façamos de dúvidas e medo, vislumbres de sentido e ação no mundo. Entre um espelho e uma lembrança, surge a possibilidade de uma existência" (Chagas, 2006:79). Contudo, há espaço nesta abordagem para algumas reflexões permitindo fazer outras leituras. Marcelo Chagas diz que uma imagem não é inocente, ela é um veículo de comunicação: "Como formador de opinião, o artista não pode naturalizar o sistema vigente de comunicações, imaginando-o como um autômato, sem vontades. Esse sistema de criação e disseminação de opiniões tem seus propósitos, políticos e econômicos, e posteriormente uma preocupação com a informação pública" (Chagas, 2006: 76).

o artista responsável pela formação e pela opinião estética no público, consciente ou inconscientemente, sendo, por conseguinte, *facilitador* (Antoni Remesar)[72] da formação do gosto. Desta forma, consegue mostrar-se o caminho educacional na estética de Lima de Freitas, por via da sua produção artística.

No painel de azulejos estudado percebe-se que há uma vontade do artista em retratar um tema com o propósito de fazer emergir uma necessidade, relacionada com o tempo interior do espectador. Daí surgir o interesse pela imagem, ao criar momentos de identificação e de estimular a aproximação da obra da sua mensagem. Ou seja, o Imaginário, na obra *Infância,* manifesta-se também por emoções que remete o espetador para a sua interioridade.

Durante este processo, de espanto e contemplação, que se cria com o conteúdo da obra, há o despertar para *algo de novo*. A este novo, chama-se o processo educacional veiculado pela obra, não existindo um sentido banal na pintura do autor, ela está sempre embebida por maiores dimensões. Primeiro, o símbolo tem um papel determinante; segundo, reconhece-se uma representação com dimensão onírica, vinda da visão interior. Depois, a dimensão poética da palavra, do verbo, é também significativa na sua obra. Tudo isto dá uma profundidade às suas pinturas; os objetos nunca são apenas eles próprios, integram sempre uma mensagem. Por outras palavras, a imagem tem uma dimensão maior quanto o olhar está posto no seu significado.

---

[72] "Un facilitador tendría como misión fundamental el dinamizar procesos sociales, hacerlos emerger y ayudar a su transformación en procesos/objetos/acciones con una fuerte componente estética. Supone, también, desarrollar una gran capacidad de negociación para vehicular/manejar los intereses, motivaciones y deseos de grupos sociales que no son necesariamente homogéneos. Además requiere habilidades políticas y denegociación entre los administrados y la administración - lo que en el área social se denomina capacidad de mediación- puesto que en última instancia, este artista-facilitador deberá conseguir recursos económicos de la administración para poner en marcha los proyectos. En definitiva, el artista como facilitador, está llamado a ser un agente muy importante en los procesos emergentes de participación ciudadana en la toma de decisiones sobre la ciudad 'pensada', sobre la ciudad 'real' y sobre la ciudad 'vivida'" (Remesar: s/d:1).

Assim sendo, a obra *Infância* é um objeto cultural que faz parte de um conjunto maior, a Cultura, que integra todos os elementos intelectuais, inclusive os elementos considerados menores, de uma determinada população. Lima de Freitas valorizava a cultura como união entre a Cultura e a Tradição, na medida em que acredita que há a fazer um reajustamento, valorizando uns e desvalorizando outros aspetos culturais. Neste sentido, o autor consegue criar condições para que os aspetos valorizáveis estejam ao alcance da população, através da sua obra, por intermédio dos temas nela expressa.

Toda esta problemática/solução encontrada faz parte dos assuntos da Educação, nomeadamente da Filosofia da Educação. É urgente um reequilíbrio educacional sendo, a Obra Pública de Lima de Freitas um contributo para a estética educacional, permitindo que não caia no esquecimento uma parte estrutural da Cultura e da Interioridade humana.

O facto de se tratar de uma obra pública vem ajudar a fazer chegar a mensagem a um número e a um público mais vasto que, de outra forma, seria difícil de alcançar. Assim, pode dizer-se que a missão educacional de Lima de Freitas está em paridade com o alcance da sua Obra Pública, merecendo uma divulgação consciente e responsável para ajudar a chegar, cada vez mais longe, as suas imagens e a sua mensagem. Isto, no sentido que não deve ser apenas constatada a importância da sua obra, mas deve ser mostrada e motivada a sua contemplação, fazendo com que o Imaginário seja reconstruído. Trata-se, pois, de reintegrar esse Imaginário na consciência humana.

Referências

ABREU, J. G. de (1996/98). *Escultura pública no espaço público do Porto no século XX*. Porto: Tese de Mestrado: Universidade do Porto.

ABREU, J. G. de (2006). *Escultura pública e monumentalidade em Portugal (1948-1998)*. Lisboa: Universidade Nova de Lisboa.

AGUILERA, F. G. (2004). *Arte, ciudadanía y espácio público*. [Em linha] [Consultado em 28.05.2013] Disponível em http://www.ub.edu/escult/index.html

BACHELARD, G. (2001). *O Ar e os Sonhos: ensaio sobre a imaginação do movimento*. São Paulo: Martins Fontes.

CHAGAS, M. (2006). *Arte Pública. Fundamentos do discurso público da Arte*. [Em linha] [Consultado em 28.05.2013] Disponível em http://www.ia.unesp.br/Home/Pos-graduacao/Stricto-Artes/dissertacao_marcelochagas.pdf

CHEVALIER, J. & GHEERBRANT, A. (1994). *Dicionário dos Símbolos. Mitos, Sonhos, Costumes, Formas, Figuras, Cores, Números*. Trad. de Cristina Rodriguez e Artur Guerra. Lisboa: Teorema.

CIRLOT, J. E. (1999). *Dicionário de Símbolos*. Lisboa: Publicações Dom Quixote.

DURAND, G. (1989). *As Estruturas Antropológicas do Imaginário*. Lisboa: Editorial Presença.

DURAND, G. (1995). *A Imaginação Simbólica*. Lisboa: Edições 70.

FREITAS, L. de (1965). *Pintura Incómoda*. Lisboa: Publicações Dom Quixote.

FREITAS, L. de (1988). «Descobrir» de Lima de Freitas. Lisboa: Gabinete do Ministério da Juventude – Centro Nacional de Cultura.

JUNG, C. G. (2003). *Os Arquétipos e o Inconsciente Colectivo*, 3ª edição. Petrópolis: Editora vozes.

MADERUELO, J. (2001). El arte de hacer ciudad. In *Arte publico: naturaleza y ciudad* (pp. 15-52). Madrid: Fundación César.

MOURE, G. (2001). Creación plástica en el espácio urbano. In *Arte pública: naturaleza y ciudad*. Madrid: Fundación César.

REGATÃO, J. P. (2007). Arte pública e os novos desafios das intervenções no espaço urbano. S/l: Quimera Editores.

REMESAR, A. (S/d). *Arte contra el pueblo: los retos del arte público en el s.XXI*. [Em linha] [Consultado em 28.05.2013] Disponível em http://www.academia.edu/457187/Arte_contra_el_pueblo_los_retos_del_arte_publico_en_el_s.XXI

REMESAR, A. (1997). Public Art: towards a theoretical Framework. In *Urban Regeneration. A Challege for Public Art* (pp. 128-140). Barcelona: Publicacions de la Universitat de Barcelona.

Webgrafia citada

http://www.flickr.com/photos/councilofeurope/3633614290/in/photostream/, consultado em 2012, maio 16.

http://www.flickr.com/photos/councilofeurope/3633615134/in/photostream/, consultado em 2012, maio 16.

http://arquivomunicipal.cm-lisboa.pt/default.asp?s=12065&c=4818, pesquisado em 2012, junho 21.

http://arquivomunicipal.cm-lisboa.pt/sala/online/ui/searchbasic.aspx?filter=AH;AI;AC;AF

CAPÍTULO 12

Do mundo secreto na infância:
Histórias contadas por crianças [73]

Judite Zamith-Cruz
Universidade do Minho

Introdução

O texto elaborado por crianças, os seus sentidos e *derivas*, novas interpretações, não nascem com a enunciação. Na precedência do discurso, com ideias e memórias constitutivas, com emoções e até mesmo visando projetos, todos encorpamos o espírito com imagens mentais, mesclado o quotidiano, transformando-se o real, enriquecendo-o (Dortier, 2015: 33-38).

O imaginário é hoje entendido real e nem mais são irreais os lugares do mais volátil "eu". Nos seus relatos de memórias, a identidade muda com o protagonista do texto. Até os amigos imaginários das crianças se lhes atam e «estão ligados às imagens produtoras de efeitos materiais» (Helsloot & Hakt, 2000: 2)?

O drama de *Bambi* (Salten, 1923) não se encontra em qualquer um. Acabam de chegar aos ecrãs outros mundos mais progressivos e dinâmicos, com *Pokoyo* ou *Jake* e os *Piratas da Terra do Nunca*.

Um estudo do *British Medical Journal*, em 2014 (Dawson, 2015: 6), evidenciou que os filmes com histórias de animação para crianças podem "atingi-las", mesmo mais com as mortes de personagens chave (a mãe do *Bambi*...), do que os dramas lançados a adultos.

---

[73] Zamith-Cruz, J. (2015). Do mundo secreto na infância: Histórias contadas por crianças. In F. Azevedo (Coord.), *Literatura Infantil e Imaginário* (pp. 197-213). Braga: Centro de Investigação em Estudos da Criança / Instituto de Educação. ISBN: 978-972-8952-35-8.

Torna-se urgente saber ouvir crianças por "escuta ativa" de alegrias e do que as aflija. Na aproximação que nos é exigida ao seu (*para*)*cosmos*, a "escuta ativa" foi abordada pelo psicoterapeuta Carl Rogers (1902-1987), explicitada a empatia por Pierre Bourdieu, com base em categorias psicológicas:

> "A escuta ativa alia a disponibilidade total à pessoa entrevistada, a submissão à sua história particular, que pode conduzir a uma espécie de mimetismo mais ou menos dominado, a adotar-se a sua linguagem e a entrar no seu modo de ver, nos seus sentimentos, nos seus pensamentos, com a construção metódica, indispensável do conhecimento das condições objetivas comuns a todas as categorias." (Bourdieu, 1993: 906)

O modo de comunicar com mais jovens é aliás bem distinto de inquirir adultos, mesmo tratando-se de estabelecer uma relação pessoal e compreender o meio de vida, os pensamentos e outras "categorias" (linguagem em contexto, emoções...). A natureza do contacto é diferente, por vários motivos (Harrison, Geddes & Sharpe, 2006: 319-320), como a exigência de serem compreendidas as perguntas, formuladas com clareza.

Nas atividades elaboradas, teve-se que acompanhar, sobretudo os mais pequenos, quando saltaram de tópico, vindo a pedir-se-lhes que falassem de interesses ou desenhassem, quando "não se lembravam de nada". Acresce dizer que as temáticas a analisar foram introduzidas como uma brincadeira e um diálogo que tranquilizasse a expectativa de avaliação, manifesta na conduta, no aspeto não verbal (desenho pequeníssimo no canto da folha...) e verbal ("não sei..."). Quis-se captar o prazer das histórias partilhadas com confiança, em intimidade e efetivar a ajuda na dificuldade.

Escrevendo ou narrando histórias *inventadas*, favoreceu-se que mundos reais-virtuais de miúdos ganhassem a apreensão, a compreensão e a (inter)ação com adultos. E parafraseando Levick (1998), quis-se entender o que nos "ensinam" com o que veem na televisão, leem, desenham e escrevem. Que significados são projetados mais além, noutros enunciados? Enunciados também são os silêncios de crianças, rejeições, manifestações gestuais e assuntos evitados.

Constatou-se ser mais fácil falar de interesses por filmes de animação da televisão, quando praticamente nem leem nem desenham e pintam. Ficámos a conhecer preferências por aventuras, que variam por nível etário: *Aventuras do Max Mano*; *Krahs Benlo* (5-9 anos); e *Jessie Austine, Alli e KC agente secreta* (10-12 anos). Outros objetivos específicos para a investigação qualitativa efetuada com os textos de jovens, entre os 3 e os 12 anos, perseguem também intenções *psicoeducativas* (Kosslyn & Rosenberg, 2004, p. 633): (1) Pensar-se que a consciência (o sentido de si próprio/a) é refletido no herói de uma história televisiva ou contada e na sua determinação, patente na finalização narrada; (2) Evidenciar-se de que forma as histórias agregam valores; (3) Explicitar como se pode mostrar e avaliar a ansiedade nas histórias, e (4) Iniciar uma construção de "conceitos-análise" para Análise de Discurso.

Por conseguinte, é com imagens mentais que se pensa e, então, se age sobre as *coisas* (Dortier, 2015: 35). Fazem-no "os poetas das coisas", de Francis Ponge (1899-1988) a uma criança. Atribui-se-lhes o poder de conferirem *dignidade poética* a tudo, da pedra à planta e figuras animadas. É nesse movimento de *formações discursivas* (e televisivas), em que se sustenta a mutante identidade. No terreno da experiência "real" que fica, se recorda *Jessie Austine*, "a flor" na mão de *Max Mano*, um encontro no espaço. Até o território onírico dos sonhos é submerso no lado mágico da televisão e fica cristalizado.

Com o pressuposto dum conjunto de formulações do *eu-criança* ficarem ancoradas (ou separadas, "lá fora"), mas dominantes de um discurso (quase) literal, é que se propagaram os *interdiscursos* - memórias constitutivas ou discursivas (Freire, 2014: p. 38). São pois recordações a sustentarem uma Análise de Discurso dos textos mistos (*superfícies linguísticas*), separados da sua análise crítica. Será explorada a contraditória perspetiva de Pêcheux (1969, 1975), em que o texto abrange um dispositivo valorativo (sempre ideológico) de interpretação (Freire, 2014: 38) do que dizem os pequenos, no que seja "bem" ou "mal", "alegre" ou "triste", "adequado" ou não.

Quando se pediu que nos contassem histórias, o início foi fixado (são as *histórias com cabeça*). Para esse efeito, foi utilizado um Jogo de Histórias (Zamith-Cruz, 2010), com recompensas, ou seja, com os ganhos tangíveis, quando a história alcançava um enredo e a finalização. E eram narrações tristes ou pessimistas? Curtas e sem mensagem/sentido? O herói ficava sem saída nos sonhos ameaçadores? E fracassava a maior parte das vezes? O envolvimento era escuro, sombrio e triste? Raramente se resolviam os problemas? A *moral da história* indicava que o protagonista (ou outros associados) seria a vítima?

Metodologia

Juntaram-se no *corpus* os 30 textos que são o objeto teórico no discurso de 15 raparigas e 15 rapazes, de 3 a 12 anos, sendo selecionados 20 enunciadores, residentes na região suburbana de Braga, cujos nomes são fictícios. Dos vários textos, nem todos são apresentados.

Nos textos se valorizou o passado momento, enquanto um analista de Análise de Discurso descreve e interpreta os textos com um *dispositivo teórico* (construção de conceitos e análise de *marcas*), sem que os valores tenham de ser "positivos" (Freire, 2014: 35). Que discursos são presentes na materialidade do texto? Que subtexto? Como a enunciação não é discurso, propõe-se a transição do dito ao dizível, no funcionamento (ideológico) do discurso subjacente (p. 30). Portanto, na Análise de Discurso, segundo Pêcheux (1969, 1975; Helsloot & Hak, 2000; Freire, 2014), conta-se com o domínio do contexto e as *marcas textuais* na superfície linguística/texto, que são as janelas de entrada no discurso. «Como saber quais são as marcas de um texto?» (Freire, 2014, p. 15) As marcas são os exemplares retirados do corpus, no que se apela à atenção, após a leitura flutuante, sem preocupação analítica de palavras e frases, mas com as primeiras conjeturas. Outros podem ser as *derivas*.

O que se segue explora as marcas singulares, na categoria dos exemplos de *conceitos-análise a priori* (Freire, 2014: 18-19) escolhidos pela autora: personagens de eleição, para aventuras e tesouro descoberto ou desventuras inesperadas. Que *conceito-análise* está presente em cada texto? Além da análise do protagonista e coprotagonista, das suas emoções (medo, agressividade...), outros *conceitos-análise* são o bem-estar e alegria (com o tesouro descoberto...) e o mal-estar subjetivo (a perda de animal, de emprego, ocorrência de estragos por tempestade...), com relação ao tipo de conto "positivo", "negativo" ou "persecutório".

Primeiro, concebeu-se um conjunto de frases a completar (com os vários *conceito-análise*), colocadas em cartões, segundo o mote de «conta uma história sobre...»: conta-me uma história sobre um animal perdido...; alguém que é despedido do trabalho...; a descoberta de um tesouro perdido...; um circo estragado pela chuva intensa... Também por não vivermos na tirania de "ser positivo", só metade das temáticas foram escolhidas com *chave positiva* e/ou divertida (ex.: alguém que gosta de ler...). Quais são as regras desse Jogo de Histórias? Mete-se a mão na caixa dos cartões e tira-se um, sem ver. Quando o jogo seja iniciado por criança pequena, ajuda-se. No final, recebe 2 fichas e pergunta-se o significado da história. Quando o ensinamento seja apreendido, ganha-se a terceira ficha. Com 9 fichas, fecham-se os olhos e retira-se algo da «caixa das surpresas». Esse é um "reforço", comum em programas de modificação de comportamento ou técnica de disciplina positiva, a "economia de fichas".

Num guião de registo esquematizaram-se possíveis manifestações de ansiedade dos pequenos, com cambiantes sintomáticos: queixas físicas frequentes (exs.: dor de estômago, de cabeça, cansaço...)?; evitamento de escola, de amigos e de atividades comuns?; tiques nervosos (exs.: piscar s olhos, roer as unhas, beliscar-se...); aumento de atividades de «escape» (ex.: adição, como ver televisão durante horas...).

Apresentação e análise de textos mistos de crianças

Com a colaboração de crianças foram concretizados desenhos e entabulados diálogos áudio gravados, para uma análise social e emocional. Seguem-se os conceitos que lhes foram colocados sobre o "eu/identidade", a seguir sendo representados o *outro* significativo e "*uma família*".

Primeiro, os mais pequenos conversaram sobre interesses e desenharam "uma pessoa", geralmente com os seus traços físicos. Portanto, antes dos Jogos de Histórias, essa foi uma entrada na interação, por recurso a desenho de "uma pessoa" (Figura 1) e de "uma pessoa especial" (Figura 2), em geral, alguém amado. O tema "eu-outro" implica assim uma "instrução", para a Figura 2: «Gostava que pensasses numa pessoa, uma pessoa especial, que todos temos. Gostava de a conhecer. Podes desenhar o retrato dessa pessoa especial para ti, dizendo porque é especial?»

Figura 1: Desenho de uma pessoa, semelhante à autora (Fernanda, 11 anos 7 meses).
Figura 2: Desenho de uma "pessoa especial" para Fernanda – *Minion* («um servo fiel de outro»).

Nos dois desenhos acima, mostra-se um *paracosmos*, um mundo imaginário detalhado, que Fernanda criou na sua mente, dito que um *Minion* (em português, no cinema, "mínimo") seja como «um servo fiel de outro». No filme de animação, por computador 3D, *Minion Stuart* "é importante". Não se trata de uma pessoa, segundo Fernanda, «porque ela gosta muito dele»? A figura humana é de qualidade para a idade e *Minion* é objeto de reprodução eidética perfeita.

Já na visão auscultada do imaginário familiar-social, encontra-se uma outra categoria – "família", sendo adiante delineada a família monoparental de Filomena (8 anos e 5 meses). Delineou-se junto da mãe e irmão, vendo televisão, uma versão "objetiva" (Corman, 1967: 41) do seu envolvimento. Essa é uma rotina, no que se entende como atividade de "escape/evasão" para um comum roteiro diário.

Figura 3: Desenho de tipo objetivo - "uma família" (Filomena, 8 anos 5 meses).

Se as imagens de Fernanda acentuam a imaginação, na família de Filomena se observa a objetividade de representação e o realismo do dia-a-dia.

Por sua vez, nova forma de conhecer a criança foi relatar-nos os seus sonhos. Neles se reflete o turbilhão emocional da vigília, em que se "vê" com outros.

Os sonhos de pesadelo escolhidos trabalham o objeto discursivo, sendo menos objetivos do que desenhos e textos. Ressente-se ainda assim medo e sofrimento em Sara (6 anos e 2 meses) que contou o seguinte, sem salvação final: «Um dia sonhei que a minha mãe morreu e chorei muito... Um dia, *tava* a dormir e veio um polícia e prendeu-me... [Noutra noite] Um cão mordeu-me num olho...».

Esses excertos são permeados pelo risco de perda da mãe, ainda que aos 6 anos a morte não seja concebida como anos mais tarde. Todavia Sara passou por morte da avó, participando nos rituais religiosos. Ela contou como não lhe são alheios os eventos comentados na televisão. Assiste, como Filomena, a relatos policiais de telejornais. E que dizer do atroz confronto com um cão? Na interação, constatou-se que Sara ficou tranquilizada, tendo sido mordida, ficando aterrorizada por "cegar" (só depois dito).

Novo relato oral de experiência sofrida é de Maria (7 anos e 8 meses), que recorda o medo, mas finalizada a ocorrência de forma confiante - um texto "positivo":

> *Eu estava a correr a buscar a minha bicicleta e depois o cão veio atrás de mim e atacou-me e depois a cruz vermelha veio e fui para o hospital de Barcelos e veio muita gente a visitar-me e deram-me muitos presentes.*
>
> *E depois o cão morreu* [foi abatido] *e tive outro* [cão] *que não é mau* [como o anterior]. *Chama-se Lisa* [afinal, uma cadela] *e depois teve filhos.*
>
> *Eu não tenho medo de cães.*

Outra pequena, Joana (3 anos e 8 meses), caracterizou *Matilde* de ser "muito traquinas", um seu atributo e sem distanciação do seu acidente recente. Na narrativa oral, focou-se no impacto do contágio/empatia emocional a primos, mas saltando a situação e a consulta hospitalar:

> *Era uma vez uma menina que tinha muitos primos, pequenos como ela e muito traquinas. E e então os primos estavam todos juntos a brincar no jardim da avó, no domingo.*
>
> *E a Matilde caiu nas escadas e magoou muito o joelho que deitou muito sangue.*
>
> *E os priminhos começaram todos a chorar, porque não queriam que doesse à Matilde.*

Nos pedidos focavam-se somente recordações e sonhos. Todavia, além do medo, outras emoções negativas (ira na zanga) foram abordadas e podem ser "lidas", bem como valores. No exemplar adiante, os sentidos (ou seja, as formações ideológicas), antecedentes e presentes no processo de enunciação evidenciam-se, pedido o relato de uma circunstância emocional *negativa*.

O texto é misto, oral e desenhado por Pedro (9 anos e 9 meses): «escreve, desenha e/ou fala-me duma altura em que estiveste zangado». Era convocado a elucidar as suas desavenças, veiculadas na produção discursiva com valores sexistas, sociais e religiosos.

> Pergunta de entrevistadora - (...) *Estás zangado ou furioso* [no desenho]*?*
>
> Resposta do Pedro - *Furioso já estou a desenhar. Vou desenhar o meu maior inimigo,* [nome completo eliminado]. *Não gosto nada dele, está sempre a pegar comigo e com as minhas namoradas. Sabias que ele tem dois meios-irmãos, o pai dele cometeu dois crimes contra a igreja, casou-se duas vezes e fez dois amores?*

Figura 4: Desenho de uma emoção negativa de fúria (Pedro, 9 anos e 9 meses).

Na Figura 4, vêem-se duas imagens humanas incompletas que se aproximam, dando quase a mão em sinal de cumprimento apaziguador. O que foi *esquecido*? Partindo da entrada visual no discurso, o que se encontra ausente na imagem?

Falta a cabeça do opositor, no desenho esquemático para a idade do narrador (figura à esquerda), que se queixa de implicação do interlocutor. Outros motivos de mal-estar esclarecidos na conversação passam por insucesso escolar, possível inveja e acusação persecutória. O opositor «*pega* [*goza*] consigo e com as suas namoradas», devendo antes envergonhar-se por pai não ter uma única esposa (*um único amor*), segundo mandamento. Encontram-se paráfrases, como quando seja dito "*fez* dois amores", para *fez amor* "duas vezes, com duas mulheres", das quais teve dois filhos, meios-irmãos. Esclareceram-se os relacionamentos amorosos e, entre colegas, foi feito um acordo explícito sem "inimigos".

Por conseguinte, esse e outros registos marcaram a diferença entre "texto positivo *versus* negativo ou persecutório", em resposta à pergunta para a Análise de Discurso: «Que *conceito-análise* está presente em cada texto?»

Passando ao Jogo das Histórias, exploraram-se outros temas e memórias discursivas, sendo que certos relatos fossem divididos em "criativos", se verosímeis e com sentido associado. Escolheu-se apresentar um conjunto de conceitos, portanto, de acordo com o escrito em cartões, separadas as histórias por género, idade e critério "criativo".

Assim colocado, «a história de um grupo de crianças que vai acampar...» coube a António, com 5 anos e 9 meses, após se assegurar que sabia o que seja acampar: «Era uma vez uns meninos que iam acampar. No fim, foram para casa almoçar e gostaram tanto, que foram acampar outra vez». Um outro rapaz, mais velho (Filipe, 6 anos e 3 meses), com frequência do ensino básico, contou a «história da ida à vila...», mas da *Fátima*, por possível avaliação pessoal evitada, com ações, momentos altos e pormenores *criativos*:

> *A Fátima foi à vila com o avô Simão e levou uma roupa nova.*
>
> *Na vila ela encontrou uma gata que se chamava Fifi. Pegou nela ao colo, colocou-lhe uma fita e uma sineta.*
>
> *Na vila, a Fátima comeu uma fatia de bolo com canela e bebeu um sumo de cenoura.*

Um terceiro, Rui, já com 7 anos e 7 meses, quando se lhe pediu para narrar «uma ida ao parque de diversões», sumarizou a sua descrição simples do local mas sem enredo e sem mensagem: «Um parque de diversões têm um escorrega com água e tem parque com água». Soube-se que não teve essa experiência.

Nos anteriores três textos a exploração temática nem sempre é ousada e *criativa*. No primeiro e no terceiro textos falham a riqueza de detalhes, nomeadamente, por idade e por desconhecimento dos autores, o que se encontra no segundo texto, descentrado, externo e com pormenores da experiência de idas semanais à vila.

Na escuta de raparigas, aos 6 anos e 8 meses, foi relatada por Helena uma primeira história em que o protagonista é do género masculino, sendo pedido somente algo em contexto - «uma história numa quinta com muitos animais». Um possível encobrimento identitário? Ela não gostaria de focar o que a apoquente, se bem que não pedido?

Pedro é o herói, "muito aventureiro" mas passivo? Ficou "assustado" com o cavalo "mais veloz", *Falcão*? Um dia "adormeceu" de exaustão numa árvore, como contou:

> *Numa quinta, com muitos animais, vivia o Pedro.*
>
> *Ele era um menino muito aventureiro e gostava muito de animais, mas tinha medo do Falcão, que era o cavalo mais veloz de toda a quinta. E o Pedro não lhe dava mimos, porque tinha medo dele.*

> *Um dia, o Falcão soltou-se e o Pedro ficou muito assustado e fugiu para cima de uma árvore. O Falcão de cá de baixo estava à espera do Pedro, mas como ele pensava que o Falcão lhe ia fazer mal, não queria descer.*
>
> *Depois de muito tempo, o Pedro adormeceu e acabou por cair e o Falcão salvou-lhe.*
>
> *O menino perdeu o medo e passou a brincar todos os dias com o cavalo.*

Foram colocados os parágrafos do texto que tem condições antecedentes, caracterização de protagonista e coprotagonista, um momento charneira e finalização: *Pedro* perdeu o "medo" de *Falcão*. O super-herói é afinal *Falcão* que salvou *Pedro* caído, sem outros detalhes, mas em que soluciona a situação dramática.

Em outra temática escrita, Júlia (8 anos e 5 meses) contou algo também *positivo*, com um início fixado, mais próximo do quotidiano - «Uma história de alguém que gosta de ler».

> *A tia Marina gosta muito de ler e está sempre a dar livros ao Martim...*
>
> *A tia Marina também tem muitos livros e à beira da cama, também! Tem muitas flores, por fora!*
>
> *A professora da tia manda a tia ler muito e a minha professora também.*

Mais uma vez, deslocada a narrativa na protagonista, a sua *tia Marina*, universitária, presenteia o primo com livros. Faltou à autora assumir não gosta de ler, apesar do incitamento por professora? Docentes *mandam-nas ler*, o que levará a tia a ter já livros espalhados junto da cama? Que prazer de ler?

Com 9 anos 8 meses, outra jovem enfatizou o seguinte, para uma *história com cabeça*: «Um menino que *meteram* num colégio, por ser diferente»:

> *Era uma vez um menino que era mudo* [incorreção para deficiente auditivo], *mas era uma criança muito inteligente. Mesmo assim* [inteligente], *no colégio era gozado pelos colegas da turma. Os colegas eram maus, porque faziam torça por ele não falar, mas também tinham ciúmes por ele ser o melhor aluno da turma.*
>
> *Uma tarde, durante a aula de natação, uma menina sentiu-se mal e começou a afogar-se. Os outros meninos ficaram muito aflitos e saíram da piscina, mas o menino mudo foi ajudá-la e salvou-a.*
>
> *A partir desse dia, o menino mudo passou a ser o herói da turma e tudo queria que ele fosse o seu melhor amigo!*

O rapaz vitorioso foi valorizado no texto escrito, em que se colocaram mais uma vez parágrafos, clarificando o enredo, com princípio, meio e fim. A autora é estranha a "eles", com processos discursivos dominantes: Eles são os rapazes "maus", seus colegas que *gozam*, "fazem troça" e "têm ciúmes", sendo menos "inteligentes" do que o estudante "diferente". Com "o melhor aluno da turma" a "salvar" a outra colega, a história foi concluída, com mensagem e uma resolução *positiva* de problema.

Por seu lado, Eduardo (10 anos e 6 meses) referiu-se a algo introduzido de maneira *negativa*, na dimensão "resolução *positiva/negativa* de problema". Com chave *negativa*, a situação nem foi superada (*positiva*) nem tornada verosímil. O início é «sobre uma família que precisa de dinheiro», alterado como segue: «Era uma vez, um menino que criou o seu próprio negócio e ganhou muito dinheiro. Mas depois o seu negócio começou a falhar e o negócio foi por água-abaixo. E perdeu a casa, perdeu tudo e ficou a pessoa mais infeliz do mundo.»

É irrealista pensar-se na iniciativa de um "menino". Um sucesso prematuro nos negócios? Uma condição debatida no quotidiano?

Segue-se um "conto persecutório", na especificação do *conceito-análise* apresentado em forma dimensional ("chave *positiva/negativa* e chave *negativa/persecutória*).

Outro rapaz, João, com 7 anos de idade, disse-se "muito aborrecido", querendo vingar-se de quem crê que o trate mal, injustamente, segundo o esclarecido: «Conta uma história de um animal do Zoo, jardim Zoológico...» - «Era uma vez um tigre que fugiu da jaula e comeu todas as pessoas que estavam no Zoo.» Os temas subsequentes foram colocados na forma *negativa* ao narrador. «Conta uma história sobre uma tempestade...» - «Era uma vez uma nuvem que estava carregada de chuva e que andava à procura de pessoas para chover em cima delas, quando estavam num piquenique.» «Conta uma história de um menino perdido...» - «Era uma vez uma menina que não tinha amigos, porque todos os meninos que conhecia eram estúpidos e maus...»

As intenções dos protagonistas são já destrutivas, sendo a "menina" mal socializada, sem culpa própria e sem se ter perdido. João utilizou a jovem para agir em circunstâncias em que ele nem se quer comprometer.

Foi mudado o tema sugerido para a solidão dela. «Maltratada?» - perguntou-se. «[Ela] Foi dizer aos pais [que não brincavam consigo].» Depreende-se que ele não *faça queixa*, porque até terá amigos? Os seus amigos nem são "estúpidos" nem "maus"?

Nas três histórias, as figuras aborrecidas e vingativas são como ele, entendido o tema sem saída, único. Mas o menino não o observará. Porquê? Quando perguntado «se 'a menina' lhe lembra alguém que conheça», respondeu de imediato: «Não! Não conheço nenhuma menina assim.» Em nível concreto de pensamento, João não acede a colocar-se noutro discurso, para o que não basta a substituição do protagonista e o seu género. E não vê ser ele com os seus sentimentos persecutórios a estar presente no relato?

Passa-se a explorar o *conceito-análise* "conto de reparação de perda por outros *versus* de determinação pessoal", em que o referente (perda indeterminada) se encontra «numa história, sobre alguém que perde uma coisa importante...»:

> *Era uma vez um lenhador que ganhava a vida a cortar árvores. Tinha um machado que levava sempre consigo ao bosque por gostar muito dele. Mas um dia, quando se encontrava sozinho no bosque, perdeu o seu querido machado. Ficou muito triste por tê-lo perdido.*
>
> *Mas, no dia seguinte, a sua mãe, ao vê-lo tão triste, comprou-lhe um machado novo! Fim.*

Qual é o significado da narração de Elisa, com 10 anos e 8 meses? Como decorre a imediata substituição do perdido? A *lição* é aprendida? «Se perdes alguma coisa, a tua mãe volta a comprar-te essa coisa». Elisa não resolveu o conflito e parece depender de adultos para a compra, após perder algo "querido". Um insólito objeto predileto no género masculino? Ela compreenderá o relato, se buscar os seus próprios significados.

O que concebeu outra rapariga mais velha (12 anos e 2 meses) para a temática, mas com o protagonismo de um jovem?

> *Era uma vez um rapaz que não deixavam atravessar a rua sozinho. Os pais diziam-lhe que, se atravessasse a rua sozinho, podia ser atropelado por um carro ou por um camião. Ele ouvia sempre os pais e, por isso, andava sempre com muito cuidado e nunca atravessava a rua por sua conta.*

Mas um dia viu um cego do outro lado da rua. O homem parecia estar triste e confuso. O rapaz pensou que o cego fosse atravessar a rua e fosse atropelado, pelo que decidiu atravessar a rua e ajudar aquele homem. Esperou que o semáforo ficasse verde para os peões e olhou para os dois lados. Sabia que não estava a cumprir as ordens dos pais, mas estava seguro de que tinha uma boa razão para fazer ao contrário do que lhe tinham mandado.

Chegou ao outro lado e ajudou o cego a atravessar a rua.

O homem disse-lhe: «Obrigado, foste de grande ajuda para mim.» Fim.

A conclusão *moral* é já distinta da anterior alusão à perda de um objeto, substituído por compra. Aprende-se que «às vezes, é preciso quebrar alguma regra, para ajudar os outros».

Por último, evidencia-se o *conceito-análise* para o texto centrado no polo de "super-herói." Na «história com um super-herói...», Francisca (9 anos e 4 meses) escreveu:

> "Era uma vez um super-herói, que andava a passear pela cidade até que ouviu um grito de socorro. Tentou procurar de onde vinha o grito mas não o encontrou.
>
> Passado 10 minutos, ouviu outra vez o pedido de socorro e foi atrás do som. Encontrou-o!
>
> Estava numa fábrica onde um senhor que se tinha magoado.
>
> O super-herói Hulk ajudou-o. Primeiro, chamou a ambulância mas os enfermeiros quando chegaram assustaram-se com ele [Hulk] e foram logo embora. Então ele lembrou-se que tinha pensos no bolso. Pegou nos pensos e pôs na perna do senhor. Levou-o a casa dele e o senhor ficou de repouso 1 semana.
>
> Na semana seguinte, o Hulk foi ver como ele estava e ele já estava melhor.
>
> Assim, o Hulk foi reconhecido como o super-herói da cidade. Vitória, vitória, acabou a história."

Hulk é superior a seres humanos (*enfermeiros*), conforme a marca lendária: ajuda um desconhecido, que "grita", algures, encontrado "magoado". Usou *pensos*, somente, na emergência, em que profissionais se chegam atrás, temendo *Hulk*, abandonado o ferido.

Discussão final

Foram recolhidos 30 textos mistos, entre os 3 e os 12 anos. Exceto o tema natalício e as aventuras do cinema, 5 dos pequenos (3-6 anos) desenharam (mais do que contaram) histórias tradicionais (do *Lobo Mau*, da *Cinderela*...), mas ditas terem sido escutadas em casa, ao pai ou mãe. Não cumpriam a "instrução". Outras oito, maiores de 6 anos, já aceitaram recordar ocorrências em contextos negros *vividos* (acidentes com cães, no skate...), além de um conto inédito (*O castelo assombrado*). Foi sobretudo no grupo etário de maiores de 6 anos, que 15 crianças entraram no Jogo das Histórias, nem sempre sendo as narrativas criativas, com protagonista determinados a vencer adversidades.

Os *conceitos-análise* selecionados, para a análise das suas histórias, foram divididos em dimensões, nos polos concebidos para categorias de narrações: "criativas/sem mensagem"; "positivas/negativas"; "negativas/persecutórias"; "negativas no medo/positivas na alegria"; "reparada a perda por outros/por valor pessoal"; e "super-herói/ser humano".

É frequente que com atitudes *negativas* se construam histórias em que acontecem coisas "más", mesmo se a frase inicial tem sentido *positivo*.

Foi evitado o relato pessoal e, segundo o género, as meninas desenvolveram histórias que se aproximam da sua orientação nos estilos de interação? E os rapazes voltaram-se para a competição e o poder (Maccoby, 1990)?

Terminada a análise textual do se tratou foi de discurso (Freire, 2014: 42), dito que o texto vem e volta ao domínio familiar, cultural, religioso e/ou social.

Que se aprende com filmes e histórias de crianças? Todos os dias pessoas se transformam nos seus avatares, que lutam contra inimigos, buscam dinheiro ou objetos mágicos. *Vai-se a outro mundo* nos jogos de papéis multiutilizadores (em inglês, MMORPG, *massively multiplayer online role playing games*). No *facebook* fazem-se "mil amigos", muda-se um detalhe no *perfil*, da idade ao sexo. «A que lugar queres ir?» Há universos paralelos sem narração, como *Second Life*, onde se executa uma atividade económica, se discute ou se vê trabalhar. A imaginação nem se limita ao virtual, porque se recria na ação real. Para Dortier (2015) o virtual não é oposto à razão, ao real e a um atual. Para Michel Serres (2015; citado por H. Lhérété, 2015, p. 33), no livro que acabou de escrever, lê-se que «o virtual é a virtude do ser humano», ou seja, é uma característica a não menorizar, dito que vivemos num mundo das imagens mentais produtivas. Depois dos 2 anos, salta-se na imaginação, o que Jean Piaget designou de "função simbólica", em paralelo à conquista de imagens mentais, da linguagem, do jogo de "faz-de-conta" e do desenho.

A perceção pode vir a ser afetada, vindo a mudar a conduta com um avatar (Sussan, 2015: 49) ou com o "amigo imaginário", depois da infância. Numa investigação com cerca de 60 crianças de 7 anos (Bailenson & Segovia, 2010), dias depois de verem o seu avatar duplo (uma espécie de *alter ego* virtual, sob o próprio comando e parecido com a criança) a nadar com golfinhos, foi perguntado se tinham gostado da experiência e evidenciou-se que, além de gostarem, mais de metade tinha acreditado ter nadado com os golfinhos. De modo direto e simples, videojogos, histórias e filmes de crianças também nos fazem baixar a guarda em emoções negativas fortes que evitemos. E assim se aprender a "arrancar para diante e para cima" (Dawson, 2015: 6)?

Referências

BAILENSON, J. N. & SEGOVIA, K. Y. (2010). Virtual Doppelgangers: Psychological Effects of Avatars who Ignore their Owners. In W. S. Bainbridge (Ed.), *Online worlds: Convergence of the Real and the Virtual* (pp. 175-186). London: Springer-Verlag.

BOURDIEU, P. (1993). *La Misère du Monde*. Paris: Éditions du Seuil.

CORMAN, L. (1967). *Le Test du Dessin de Famille dans la Pratique Médico-Pédagogique* (2e Éd.). Paris: P.U.F.

DAWSON, A. (2015). What grows-ups can learn from children's films. *Metro - Liverpool*, Thursday, August 6, 2015, 6.

DORTIER, J.-F. (2015). L'espèce imaginative, *Les Sciences Humaines*, 273, 33-38.

FREIRE, S. (2014). *Análise de Discurso: Procedimentos Metodológicos*. Manaus: Instituto CensusED.

HARRISON, P., GEDDES, J. & SHARPE, M. (2006). *Guia Prático de Psiquiatria*. Lisboa: Climepsi Editores.

HELSLOOT, N. & HAK, T. (2000). La Contribution de Michel Pêcheux à l'Analyse de Discours, *Langage et Société*, 1 (91), 5-33. [Em linha]

[Consultado em 25.7.2015)] Disponível http://www.cairn.info/zen.php?ID_ARTICLE=LS_091_0005

KOSSLYN, S. M. & ROSENBERG, R. S. (2004). *Psychology: The Brain, the Persona, the World* (2nd Ed.). New York: Pearson.

LEVICK, M. (1998). *What I'm Saying: what Children Tell us through their Art*. Iowa: Dubuque.

MACCOBY, E. (1990). *Gender and relationships:* a developmental account, *American Psychologist*, 45, 513-515.

MACÉ, M. (2011). *Façons de Lire, Manières d'Être*. Paris: Gallimard.

PÊCHEUX, M. (1969). *Analyse Automatique du Discours*. Paris: Dunod.

PÊCHEUX, M. (1975). *Les Vérités de la Palice*. Paris: Maspero.

SALTEN, F. (1923). *Bambi. Eine Lebensgeschichte aus dem Walde*. Berlin: Ullstein Verlag.

SUDDENDORF, T. & CORBALLIS, M. (1997). Mental time travel and the evolution of the human mind, *Genetic Social and General Monographs*, V, CXXIII, 2.

SUSSAN, R. (2015). L'impact psychologique des mondes virtuels, *Les Sciences Humaines*, 273, 48-49.

ZAMITH-CRUZ, J. (2010). Educação do carácter, no sentido de bem-estar subjectivo: um programa de relações humanas para crianças. In M. Gonçalves, C. Morais & J. Lopes (Orgs.), *A sexualidade e a Educação para a Felicidade* (pp. 209-228). Braga: Faculdade de Filosofia – Universidade Católica Portuguesa.

www.ingramcontent.com/pod-product-compliance
Lightning Source LLC
Chambersburg PA
CBHW070739160426
43192CB00009B/1500